CONTES

POUR

LES BIBLIOPHILES

PAR

OCTAVE UZANNE et A. ROBIDA

CONTES

POUR

LES BIBLIOPHILES

PAR

OCTAVE UZANNE et A. ROBIDA

NOMBREUSES ILLUSTRATIONS DANS LE TEXTE ET HORS TEXTE

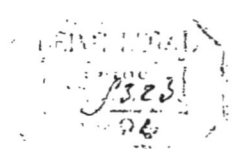

PARIS

ANCIENNE MAISON QUANTIN

MAY ET MOTTEROZ, DIRECTEURS
7, rue Saint-Benoit

1895

A ALBERT ROBIDA

MAISTRE IMAIGIER

EN ÉPISTRE DÉDICATOIRE

Ce m'est un plaisir, — je pourrais et devrais même dire un devoir, — mon cher compagnon de plume et de crayon, d'inscrire votre nom sonore, ami de tous ceux qui aiment encore, en ce temps refroidi, la fantaisie et l'imagination agissantes, en tête de cet ouvrage dont vous êtes, sinon le père absolu, du moins le véritable metteur en scène et l'inépuisable illustrateur.

Sans l'appui de votre admirable faculté de travailleur, réalisant prestement toute idée émise, avant même qu'elle ne se soit évaporée en rêve indécis, sans le concours de votre génie d'assimilation apte à vibrer à tous les sons de cloche de la pensée et sous l'impression de tous les paradoxes développés au cours d'une conversation littéraire, il est presque certain que ces divers Contes pour les Bibliophiles se seraient envolés en vaines paroles, dans la fumée des cigarettes dont les spirales bleuâtres semblent, parfois, soutenir et envoiler la vague chevauchée des projets enjôleurs qui nous hantent au passage.

Ce fut il y a cinq ans, il vous en souvient, au cours de la dixième année d'existence de cette lourde revue Le Livre, dont vous étiez devenu sur le tard un précieux collaborateur, que nous échangeâmes, en une heure de répit, certains propos de Bibliofolie amu-

a

sante groupés en une incohérence voulue, nous plaisant à échafauder un Recueil de Contes de tous les temps et de tous les pays, dont les thèmes divers nous mettaient en chasse d'étrangetés, et nous étions là, sondant le passé, scrutant l'avenir, dressant déjà une table des chapitres, émerveillés nous-mêmes de notre ingéniosité, comme le sont très souvent deux partners sympathiques dont les cerveaux délibérés ou présomptueux se passionnent à l'unisson, s'excitent, s'emballent et arrivent — sans préméditation aucune — à tisser le canevas précieux de quelqu'une de ces productions spontanées qui seraient légères et séduisantes si la température intellectuelle du lendemain ne les assassinait pas en refroidissant le germe dans l'œuf.

Je vous l'avoue, je n'y pensais plus guère, à ces mirifiques récits que nous avions élaborés de concert certaine après-dînée de printemps, en une journée soleillée ; d'autres travaux m'avaient reconquis la pensée et, parmi les feuilles volantes de mon bureau, je regardais les notes fiévreusement crayonnées la veille, auprès de vous avec cette pitié ironique et amère qui nous vient aux lèvres lorsque nous jugeons de la folie démesurée de nos désirs créateurs vis-à-vis des heures si brèves pour la réalisation d'œuvres dont déjà l'exécution nous absorbe, nous angoisse et nous tenaille par la crainte de ne les point pouvoir parachever selon nos désirs, dans la limite de temps assignée pour la mise sous presse.

Mais vous, mon cher Robida le Téméraire, vous le moissonneur et le meunier de l'idée, vous qui semblez, comme Siva, ce dieu prodigieux de la triade indoue, posséder plusieurs bras et diverses faces, le tout au service de votre imagination surprenante et de vos observations précises et satiriques, vous qui êtes lumineusement sain et qui ignorez les états d'âme inquiets qui Hamletisent la plupart des artistes contemporains, vous m'apportiez, huit jours plus tard, votre premier conte illustré, l'Héritage Sigismond ; vous posiez, par conséquent, la pierre angulaire de l'Édifice, et moi, pauvre retardataire, entraîné par votre exemple, me sentant embarqué malgré mes protestations intimes par votre esprit d'aventure vers les contrées incertaines et touffues de cette œuvre nouvelle, je me prenais à ramer à vos côtés, bien irrégulièrement toutefois, vous contraignant à m'attendre des mois et des années, tandis que je tirais des bordées sous des vents contraires ou que je faisais escale à divers ports d'attache : Revues, journaux et livres, avant de reprendre pour quelques instants ma place à vos côtés.

Si nous abordons aujourd'hui heureusement à ce débarcadère

définitif qu'un Anglais disciple moderne de Sterne nommerait le Public pier de Publishing city, c'est à votre constance, à votre bienveillante amitié, à votre angélique patience que je le dois, car votre collaboration n'a pas connu d'obstacles; elle fut alerte, prodigue, accélérée, miséricordieuse. En effet, tandis que, d'une allure de podagre, j'écrivais le Bibliothécaire Van Der Bœcken, de Rotterdam; les Romantiques inconnus, la Fin des livres, l'Enfer du chevalier Kérhany, Histoires de Momies et deux ou trois autres contes qui ne sont au demeurant que des souvenirs personnels narrés sur le mode égotique, des haïssables historiens du moi moderne, vous terminiez le reste impétueusement avec une verve, un entrain, une modestie souriante qui épaississaient chaque jour davantage la cuirasse d'estime dont se revêt, avec tant de sincère conviction, ma batailleuse amitié pour vous.

Et quels plaisants dessins que les vôtres, mon brave Robida, lorsque d'une plume ou d'un crayon mordants, qui se ruent à l'assaut du papier virginal, vous pastichez à plaisir les Johannot, les Déveria, les Nanteuil, les Carle Vernet, les imagiers d'Épinal de l'Empire, les vignettistes allemands ou les petits-maîtres du dernier siècle? Vous déroutez positivement, dans ces fresques hors texte du livre, le public de demi-connaisseurs, c'est-à-dire le grand public, car votre science imperturbable de la manière d'autrui et d'autrefois surprend vos nombreux admirateurs, qui vous tiennent peut-être rigueur de votre extrême sagacité comme on est déconcerté par un pince-sans-rire inquiétant.

Vous l'aviez déjà troublé, ce bon public, par vos voyages fantaisistes et vos itinéraires sérieux, par vos romans à panaches, par votre extravagant Vingtième siècle, par vos piquantes caricatures modernes, par tant de cordes vibrantes que vous avez su mettre en harmonie sur votre lyre universelle; il est un peu en défiance vis-à-vis de vous, ce débonnaire public, car il n'apprécie et ne célèbre que les spécialistes, les hommes qui fournissent une note toujours répétée, les vendeurs d'un même cru, faciles à étiqueter et cataloguer dans sa mémoire; les carillonneurs fidèles aux symphonies réitérées de leur métal idrosyncratique; les autres, les talents multiformes et impétueux, qui, comme vous, brisent les cadres et les moules qu'on leur assigne et qui s'en vont, à leur fantaisie, errer sur le clavier des arts et des lettres, l'horripilent dans ses notions d'ordre, de méthode et de classification.

Avec vous, au moins, c'est toujours à recommencer; vous

dérangez les petits papiers de vos bibliographes, vous êtes la couleuvre fugitive de votre propre dossier.

Ici, toutefois, mon excellent camarade, nous serons, je m'en réjouis, à deux pour affronter ce public méthodique et fidèle à ses habitudes; souhaitons qu'il nous accueille favorablement l'un portant l'autre; mais, à son nez, à sa barbe, je tiens à vous dire de nouveau merci, et à vous donner l'accolade de gratitude selon les rites des anciens combattants dans les grands spectacles impériaux.

Maintenant, cher ami, la main dans la main, pénétrons dans l'arène, livrons-nous aux griffes des gens d'esprit, qui ne sont souvent que de simples bonnes bêtes, comme a dit Beaumarchais, mais n'oublions pas qu'il est plus difficile de les émouvoir ou de les exciter que de les dompter.

Au sortir de cette démonstration publique, remontons sur nos galères respectives et cinglons au large; mais, quelles que soient les rives lointaines où nous abordions par la suite, croyez, ami très cher, que je conserverai l'impérissable souvenir de cette croisière dans l'archipel de la fantaisie que je viens si fraternellement d'accomplir à vos côtés.

O. U.

UN

ALMANACH DES MUSES

DE 1789

Contes pour les Bibliophiles

UN *ALMANACH DES MUSES* DE 1789

I. — Roman marginal.

S i l'on prétend que dans les longues rangées de bouquins alignées sur le parapet des quais il n'y a plus rien à glaner, c'est bien à tort certainement, car voici le petit roman réel découvert le mois dernier, dans la boîte à douze sous, parmi les brochures dépenaillées, les romans de concierge à couvertures maculées et les recueils solennels de harangues et discours des hommes politiques naguère célèbres, ayant valu jadis (les volumes et non les politiques) sept jolis francs et cinquante centimes.

C'était un pauvre petit volume broché de l'antique *Almanach des Muses*, qui n'avait rien de bien attirant, étant très peu frais, mais qui portait dans le frontispice gravé du titre, au-dessous des Amours armés d'arcs et de flèches, au-dessus de la tête laurée d'Apollon, les quatre chiffres de la date fatidique 1789. — Le contraste entre ces Muses, les guirlandes de fleurs, les souriants petits Amours et les idées moins roses qu'évoquait la date du grand bouleversement, fit ouvrir d'abord ce volume avec une curiosité un peu mélancolique.

Le temps était gris et froid, des nuées montaient dans le ciel triste, et les aigres souffles d'une bise de novembre mêlée de gouttes de pluie fouettaient le visage des passants et les couvercles des boîtes à livres. Fallait-il pour douze sous laisser grelotter les innocents Amours de cet *Almanach des Muses*, dernière fleur éclose jadis au bord du précipice? Pouvait-on les laisser sous l'ondée menaçante fondre et périr définitivement peut-être? L'achat sentimental du pauvre petit bouquin fut donc une bonne action, une espèce de sauvetage, et vraiment le sauveteur n'eut pas à le regretter, malgré les apparences, quand il examina l'objet au coin de la cheminée.

L'habit, ou plutôt ce qui restait de l'habit de ce volume, montrait la corde; le dos, recouvert encore par places d'un papier à fleurs bleues, laissait passer et pendre les ficelles du brochage; les feuillets de garde n'existaient plus, et les coins de pages usés et jaunis se roulaient et se recroquevillaient lamentablement; et cependant, sous son désastreux aspect de personne distinguée tombée dans le malheur, ce dernier représentant des Muses gracieuses d'avant le cataclysme conservait quelque chose de particulier et de point banal.

Il avait vécu, il avait été lu, feuilleté; il était l'ultime sourire d'une société heureuse sur qui tout à coup les catastrophes allaient tomber; sans doute, mais, en plus de cela, cette épave des coquetteries de jadis gardait un air discret et presque mystérieux de livre qui aurait conservé le culte de son secret.

Tout d'abord, d'une sorte de sachet fait de deux pages légèrement collées sur les marges et ouvertes avec précaution, un ruban déteint, fané, décoloré, un ruban dont on n'aurait pu difficilement discerner la couleur primitive, rose ou violette, et deux cheveux longs, fins et blonds, avaient glissé. Trouver un ruban, une fleur ou même une tresse de cheveux dans un vieux livre, cela n'a rien de bien rare; ce fut sans doute la date de l'almanach, 1789, qui fit regarder un instant avec émotion par le fureteur et ensuite replacer dans le sachet, où ils étaient restés pressés pendant tant d'années, ces cheveux et ce ruban fané.

Mais en feuilletant le livre avec un intérêt déjà vaguement éveillé, des annotations au crayon apparurent de page en page, des renvois sautant aux yeux, des vers soulignés qui semblaient se répondre. En suivant avec ordre les indications crayonnées : « Page 159 » ou « Voir réponse p. 28 », en sautant d'une épigramme du chevalier de P... « contre un auteur qui avoit fait supprimer des écrits où il étoit maltraité », à un impromptu de M. Marmontel, secrétaire perpétuel de l'Académie française. « à Mme la comtesse de F... qui venoit de jouer de la harpe », en passant d'une ode anacréontique de M. le comte d'Aguilar, capitaine au régiment Royal-Pologne-Cavalerie, à *Sophie abandonnée*, chanson par M. Carnot, capitaine au corps royal du génie, de l'Académie de Dijon, à travers les deux cents pièces plus ou moins gracieusement rimées de ce recueil aimé des classes versifiantes, — bourgeoisie lettrée ou aristocratie pinçant de la petite lyre, — peu à peu l'ensemble des vers soulignés parut constituer une sorte de dialogue entre deux lecteurs, ou plutôt entre un lecteur et une lectrice qui se repassaient le livre l'un à l'autre et causaient avec une certaine animation d'abord, puis plus doucement, par l'organe des poètes de l'almanach, en empruntant sans façon la lyre de M. de Florian, de l'Académie française, celle du « petit vieillard », de la ba-

ronne de Bourdic ou de M. de Cubières, écuyer de Mme la comtesse d'Artois, auteur de la pièce qui clôt l'*Almanach de 1789*, un petit poème intitulé *les États généraux de Cythère*, et commençant ainsi :

> Les bergers n'allaient plus sur les vertes fougères
> Célébrer les appas de leurs jeunes bergères ;
> Les plaisirs et les jeux n'habitaient plus les champs...

Hélas! ils allaient avoir bien autre chose à faire, les bons bergers ; ils allaient avoir à prendre le fusil pour les levées en masses prochaines, et les jeunes bergères pouvaient se préparer à pleurer.

La méthode est une belle chose ; avec un peu de patience, en remontant de réponse en réponse, grâce aux indications « voir page tant », les premières phrases du dialogue furent retrouvées, et elles fournissaient une indication bien précise sur la qualité des dialogueurs et leur état d'esprit.

La conversation s'ouvrait ainsi :

> Après un long éloignement,
> Votre présence fortunée
> Me rend ici l'enchantement...

En marge de ces vers, annotation d'une main féminine : « Réponse page 80 ». La page trouvée, réponse de la bergère au berger :

> Pleins d'inconstance et de légèreté,
> Ils se lassent bientôt de la même bergère ;
> Leur amour n'est que vanité :
> A peine sont-ils sûrs de plaire,
> Qu'ils vont porter ailleurs leur infidélité.

Oh ! oh ! pas le moindre doute, c'est une dispute, une vive et jolie querelle d'amour, dont l'écho endormi se réveille après cent ans écoulés, alors que les disputeurs sont depuis longtemps redevenus poussière. Pauvres amoureux d'autrefois, prêtons une indiscrète mais sympathique oreille aux reproches, aux protestations, aux transports rimés qu'ils empruntent aux poètes de l'*Almanach des Muses*.

II

Dans un espace blanc, sous la liste des fêtes mobiles pour l'an 1789, deux lignes écrites d'une encre jaunie à peine visible maintenant, tombant sous les yeux du fureteur, éclairèrent tout à coup la scène et permirent de placer les personnages devinés dans un cadre connu :

« S. de L..., *château des Islettes, à Beauval.* »

Et plus bas, d'une autre écriture :

« *Pornic, 1793.* »

Les Islettes ! Beauval ! deux noms familiers. Le dernier n'évoque d'abord que l'idée d'une vulgaire ville de fabriques à quelque trente lieues de Paris, une ville de noires usines, de cheminées de briques crachant dans le ciel bleu des tourbillons de fumée sale, une petite ville jadis riante et gaie, parée d'un manteau de verdure et traversée par une petite rivière qui se contentait alors de faire tourner, en les lutinant au passage, les roues d'innocents moulins à farine, aujourd'hui pauvre petite ville noircie, bruyante, respirant l'huile chaude et le charbon de terre, vouée au dur travail, secouée par les courroies de transmission, les chaudières, les pistons, haletant sous les griffes de fer du monstre moderne Industrie.

Mais Beauval, le Beauval de jadis, fut une douce ville se laissant vivre joyeusement au soleil, et le château des Islettes, à deux kilomètres du centre usinier d'aujourd'hui, garda jusqu'en ces dernières années, avant le morcelage et le lotissement de son grand parc, son caractère de petit château xviiie siècle, réunissant à la fois, dans un cadre de charmilles et de jardins, l'idéal de Boucher et celui de Rousseau.

Voici les Islettes de jadis, les Islettes d'il y a quelques années encore :

A l'extrémité d'une avenue d'ormes chenus, un pont jeté sur un bras de petite rivière qui coule lentement sous les roseaux, les grandes herbes et les plaques jaunes des nénuphars, et au bout du pont une vieille grille de fer d'un dessin rococo, flanquée de deux énormes masses vertes qui sont les ruines de deux grands vases de pierre disparaissant sous un fouillis de lierre, de ronces et de plantes folles grimpant jusque-là du lit de la rivière. Le pont manque un peu de solidité, mais ses lézardes sont masquées par des lianes qui brodent de verdure le parapet branlant. Du côté du parc, une terrasse également lézardée trempant dans l'eau montre une ligne de balustres un peu ébréchée, avec d'autres boules vertes qui furent des vases décoratifs, et de vieilles charmilles devenues un inextricable enchevêtrement de vigne vierge, de clématite, de chèvrefeuille, d'aristoloches.

Cette terrasse s'arrête à quelque vingt-cinq mètres, pour laisser passer un autre bras de la rivière qui court dans le parc, dessine des méandres capricieux à travers une prairie, passe sous des ponts rustiques et forme de petites îles gracieuses, les *Islettes*, qui ont donné le nom au château. L'une de ces islettes montrait, sortant d'un taillis bien peigné, un petit édicule ionique baptisé le *Temple de la Nature*, qui formait le pendant d'une vieille petite chapelle toute neuve, d'un faux style gothique, appelée l'*Ermitage de la tendre Héloïse*. Dans une troisième île plus petite, au sommet d'une grotte de rocaille, un petit Cupidon, inscrivant le mot *Amour* sur un cippe de marbre encadré de lierre, complétait l'ensemble : la Nature, la Religion, l'Amour! En ces dernières années, il ne restait plus de Cupidon qu'une jambe verdie par la mousse, mais l'inscription était encore visible, ou plutôt les inscriptions, car à un certain moment l'inscription *Amour* fut grattée et remplacée par *Philosophie*, laquelle ne triompha pas longtemps, car, depuis 93 sans doute, le pauvre Cupidon, sans-culotte inconscient, inscrivait gravement sur son cippe le mot *Civisme!*

Le château s'aperçoit derrière une rangée d'ifs taillés; c'est une très simple bâtisse, une longue façade sans profondeur, avec un pavillon central à fronton et deux pavillons d'angle un peu en avant-corps, décorés de pilastres entre les hautes fenêtres à petits carreaux. Un seul étage en grande partie mansardé et prenant une bonne partie des combles.

En arrivant par le pont, on aperçoit, à travers le vitrage de la porte, les verdures du parc de l'autre côté; et, le soir, quand, derrière les massifs arrondis, derrière les peupliers des prés, le soleil se couche, le château paraît transparent et illuminé du haut en bas; il redevient presque jeune, presque gai, et perd pour un instant son aspect de maison oubliée languissant dans les mélancolies de la vieillesse.

Voici le cadre; fermons un instant les yeux, et reportons-nous à cent ans en arrière, quand tout cela était jeune, les ifs, les charmilles et le château, alors que cet *Almanach des Muses*, dans toute la fraîcheur de son papier, était lu sous ces ombrages par de jolis yeux et manié par de gracieuses mains serties de dentelles. Les personnages, on les devine, on les voit. Ce fut par un bel après-midi d'été, en juillet, peut-être le 14, un mardi consacré dans le calendrier, — plaisanterie du hasard, — à saint Bonaventure, sous cette charmille à présent vermoulue, que commença le dialogue à coups de versiculets entre *Elle* et *Lui*.

Ils sont là tous les deux, *Elle* allongée languissamment sur le banc de bois, le col, légèrement décolleté, caressé par de petits éclats de soleil et chatouillé par des bouquets de chèvrefeuille; *Lui* assis à

quelque distance, l'air nerveux, et tapotant d'une main distraite sur la table du jardin peinte en vert tendre.

Piqué par l'ironie des reproches sans doute mérités, ceux-là seuls qui touchent, il a pris l'*Almanach des Muses*, et, cherchant une réponse, il

n'a trouvé à souligner que ces deux pauvres vers d'un quatrain de M. le marquis de Fulvy :

> Ce doit être un bien triste vœu
> Que le vœu de plaisanterie!

Contre cette accusation de gaieté, *Elle*, secouant tristement la tête, a tout aussitôt protesté par ce vers pris dans une pièce du *Petit Veillard*, adressée

A Monsieur ***

Qui me faisoit compliment sur ma prétendue gaieté :

Je n'ai de la gaieté que comme on a la fièvre.

Et *Elle* s'est levée d'un air de fierté offensée, et elle est rentrée au château, tandis que *Lui* restait sous la charmille, le sourcil froncé, plus nerveux qu'avant et continuant machinalement à feuilleter l'*Almanach des Muses*.

Mais ne pourrait-on trouver les noms de ces amoureux disputeurs, compléter au moins les initiales S. de L. ? Voici sur le département ou se trouve le centre usinier Beauval un volume de recherches historiques, des *Mélanges d'histoire locale.*

Feuilletons ces *Mélanges :*

« ... Les Islettes sous Beauval... des fragments de poteries, des armes, des médailles de l'époque gallo-romaine prouvent que les Romains ont eu un établissement sur le territoire bordé par... » Passons... « Villa mérovingienne, simple rendez-vous de chasse sous Charlemagne, les

Islettes furent ensuite fief dépendant de l'abbaye de... Le château fort élevé au xiiie siècle par les sires de Beauval, après avoir souffert cinq ou six sièges, sacs ou incendies, tombait en ruine au siècle dernier lorsque le dernier des Beauval vendit sa terre à M. de Ligneul, un aimable homme, philosophe épicurien et quelque peu poète léger à la Boufflers, qui s'empressa de jeter bas les restes du donjon pour construire le château actuel et créer dans les prairies jusqu'alors marécageuses le joli parc des Islettes. M. de Ligneul eut l'esprit de mourir d'apoplexie au commencement de 1789, juste au moment où ses douces habitudes eussent été fortement gênées par les circonstances ; il laissait peu de fortune ; les Islettes échurent à une nièce, Mlle Sylvie de Ligneul, qui épousa peu après M. de Coudray, officier dans Bourgogne-Cavalerie. »

Restons en là ; *Elle*, c'est Sylvie de Ligneul, et *Lui*, c'est le jeune officier de Bourgogne-Cavalerie.

III

M. de Coudray quitte la charmille à son tour, laissant bien en vue sur la table l'*Almanach des Muses* ouvert à la page 127, ou se trouve le tendre distique suivant :

> Oh ! puisse dans tes yeux une larme rouler,
> Qui brillera d'amour et n'osera couler !

Il est parti ; il s'égare mélancoliquement dans le parc et baisse la tête en passant devant le triomphant Cupidon du temple de l'Amour. Bourgogne-Cavalerie est bien ému ; se peut-il, fier dragon, qu'un simple trait de l'archer malin vous désarçonne ainsi et vous mette aussi complètement l'âme à l'envers ? — Il revient le cœur troublé vers la charmille et sursaute en trouvant Sylvie en train de crayonner la réponse :

> Vous qui vantez l'amour fidèle,
> Cœurs sensibles et généreux,
> Venez admirer le modèle
> D'un amour tendre et malheureux.

Et le dialogue reprend :

> J'eus beau fuir, j'emportai le trait qui me déchire !

répond M. de Coudray, avouant ainsi des torts dont nous ne connaissons pas le détail, mais qui sans doute ne parurent pas inexpiables, car Sylvie s'attendrit bien vite, et elle souligne dans *Sophie abandonnée*, chanson de M. Carnot, capitaine au corps royal du génie, les deux vers suivants :

> Loin de ta fidèle Sophie,
> En vain, ingrat, tu cherches le bonheur...

Et de Coudray de s'écrier bien vite :

> Et si tu l'aimas une fois,
> Tu ne pourras plus aimer qu'elle !

Mais Sylvie soupire encore, un reste de tristesse au cœur :

> Ah ! peut-on être heureux lorsqu'on est infidèle ?

Bourgogne-Cavalerie s'aventure alors, du moins il est permis de le supposer, à presser la main de Sylvie, à baiser tendrement cette main qui s'abandonne, il croit avoir ville prise, et il lui montre souligné ce vers, commençant une petite pièce fort médiocre :

>Je sais aimer, vous savez plaire...

Fausse manœuvre ; cette fadeur a soudain refroidi Sylvie, qui riposte par ces deux vers légèrement modifiés au crayon, une véritable douche d'eau froide pour le madrigalisant officier :

>Non, Céladon perdroit et son temps et sa peine,
>Ses plus longues amours vont jusqu'à la huitaine.

Bourgogne-Cavalerie repart en guerre :

>Tu fuis l'amour, belle Thémire ;
>On n'échappe point à ses fers...

Mais Sylvie secoue la tête d'un air désenchanté ; elle se souvient d'une trahison, la pauvre Sylvie, et d'une ligne légèrement tremblée elle souligne ces vers :

>A l'amitié tu fis verser des larmes
>Et gémir tendrement l'amour !

LUI.

>De grâce, laisse-moi le tourment qui m'accable ;
>Oh ! ton sensible cœur me reste impitoyable !
>Aux mortelles langueurs d'un incurable amour
>Laisse-moi me livrer jusqu'à mon dernier jour !

ELLE.

>De ses destins l'homme se plaint sans cesse...

LUI.

>Falloit-il l'adorer et la fuir pour toujours ?
>Eh ! pouvois-je échapper au feu qui me dévore ?
>Ses attraits, sa douceur, ses précoces talents,
>Et sa voix si touchante et ses regards brûlants...

Bourgogne-Cavalerie s'emballe, c'est lui qui devient brûlant ; *Elle* essaye de glisser encore un mot ironique :

>De tout revers prompt à te consoler...

Évidemment, sur ce mot elle s'est levée pour quitter la charmille. Peut-être quelque amie en villégiature aux Islettes, quelque parente, quelque petite comtesse ou marquisette, est-elle venue déranger le duo poétique par son babillage, ou bien peut-être tout simplement le soir venait-il, le soleil commençant à baisser derrière les collines, une brise plus fraîche agitait les hautes branches des arbres du parc et ridait les eaux de la petite rivière au pied de la terrasse. Plus de libellules, elles s'étaient cachées sous les grandes feuilles. Il fallait rentrer aussi ; Sylvie regagne le château.

Dans le grand salon aux boiseries blanches, à trumeaux et dessus de portes ornés de pastorales galantes à la Boucher, Sylvie, songeant

toujours à l'*Almanach des Muses*, suit d'une oreille distraite la conversation. Il y a là quelques personnes, des amis de feu M. de Ligneul, l'oncle épicurien de qui l'ombre tranquille plane encore sur les Islettes, sa création. Une dame plaisante légèrement M. de Coudray qui vient de rentrer et qu'elle appelle le Dragon transi, car il lui paraît avoir perdu depuis peu ses allures cavalières de don Juan de garnison ; deux gentilshommes campagnards causent chasse et chevaux ; une petite baronne, Parisienne très élégante, en veste de gourgouran rose, avec très large ceinture coquelicot, coiffée de cadenettes et d'un très long catogan, — tout à fait un Debucourt, — explique à deux provinciales à toilette un peu arriérée les beautés de la mode nouvelle, les redingotes jaune citron à deux ou trois collets, les caracos, les négligés et les demi-négligés, les nouveaux chapeaux en bateau renversé, ou aux trois ordres, lorsqu'un parent de Sylvie, un gros homme fleuri, à ventre de financier, un aimable vivant comme feu de Ligneul, se précipite essoufflé dans le salon. Une lettre de Paris lui apporte de graves nouvelles : la veille ou peut-être l'avant-veille, on a eu émeute, bousculade et bataille dans Paris, les Parisiens ont fait du bruit au Palais-Royal et enlevé la Bastille !

Il y a un mouvement de surprise, puis on raille le porteur de mauvaises nouvelles sur sa mine défaite.

— Bah! quelque tapage, une petite sédition tout au plus, dit l'officier de Bourgogne-Cavalerie, un orage de juillet qui passe vite; vienne une fête, une dispute littéraire, un joli crime ou un opéra nouveau, la girouette tournera, et les Parisiens ne songeront plus guère aux émeutes.

Et le fil de la conversation se renoue dans le salon rasséréné.

Sylvie a fait sans doute un peu de toilette pour le souper, car M. de Coudray, revenu près d'elle, se penche au-dessus de son fauteuil et lui souligne ces vers de l'Almanach :

Pour qui tous ces parfums, cette tresse élégante,
L'or qui luit sous l'azur de ta robe ondoyante ?

Ici une lacune. Pas de réponse dans l'Almanach. Qu'a pu dire en prose l'officier de Bourgogne-Cavalerie ?

Sylvie ne paraît plus aussi farouche que sous la charmille. Les mauvaises nouvelles venues de Paris lui ont peut-être fait confusément penser qu'il fallait se hâter de saisir le bonheur qui passe... L'âme de la belle s'est attendrie; elle montre à Lindor ce vers qui est presque un aveu, elle le murmure tout bas peut-être, en laissant derrière son fauteuil sa main dans celle de l'officier :

De quels doux souvenirs mon âme est attendrie !

Sur ce, coup de clairon de Bourgogne-Cavalerie :

Je ne sais pas encor si la jeune Hébé m'aime,
Mais ses yeux sont si doux quand nous nous regardons !..

Sylvie murmure :

.. Au joug de l'hyménée
Parmi nous une belle est à peine enchaînée
Qu'elle prend un despote et non pas un époux.

— Non, proteste M. de Coudray :

Croyez-moi, changez de pensée
Prenez de plus doux sentiments!

Hallali. Le cœur de Sylvie qui, depuis le matin, parbleu, ne demandait que la défaite, avoue ceci :

Il est d'heureux moments, des moments où le cœur
Est ouvert sans défense et n'attend qu'un vainqueur...

Et M. de Coudray, retroussant sa moustache en galant officier de Bourgogne-Cavalerie, entonne la fanfare de triomphe :

> Et quand on songe à s'embrasser,
> Oh! qu'il est ennuyeux d'écrire!

Oh! oh! Halte là! Pas de suppositions aventurées. Ce roman vrai du xviiie siècle est un roman honnête, l'*Almanach des Muses* fut un entremetteur matrimonial; les *Mélanges d'histoire locale*, déjà consultés tout à l'heure, le constatent, M. de Coudray et Mlle Sylvie de Ligneul se marièrent aux Islettes vers le milieu de cette belle année 1789.

La phrase finale et naïve des anciens contes peut-elle leur être appliquée? Furent-ils heureux et eurent-ils beaucoup d'enfants? Sans nul doute, l'avenir devait leur tenir en réserve de longues années de joies paisibles et douces; ils avaient l'amour, la jeunesse, la beauté, une honnête fortune, une habitation charmante, les beaux ombrages des Islettes,... le bonheur, enfin!

Cupidon, sur son autel en rocaille, devait sourire et se préparer à rayer le mot *Philosophie* pour rétablir l'invocation primitive : *Amour!*

IV

Ouvrons encore les *Mélanges d'histoire locale*, et voyons ce qu'il y avait sur le livre du destin pour chacun des deux époux :

« ... Pendant la période révolutionnaire, les Islettes eurent une existence agitée. Les nouveaux propriétaires s'y calfeutrèrent pour laisser passer l'orage, mais le tonnerre les atteignit. M. de Coudray, qui avait donné sa démission d'officier, paraît s'être jeté bientôt, et vigoureusement, dans le mouvement contre-révolutionnaire ; blessé au 10 août, menacé d'arrestation, il resta quelque temps caché aux Islettes auprès de sa femme, puis passa en Angleterre, d'où il gagna la Vendée. Pris à l'attaque du château de Pornic, il fut, quatre jours après, guillotiné à Nantes, dans une fournée de Vendéens, et Mme de Coudray, restée aux Islettes, faillit avoir le même sort. Arrêtée sur la dénonciation d'un comité, accusée de détenir aux Islettes un dépôt d'armes, les perquisitionneurs ayant mis la main sur les fusils de chasse de M. de Coudray, elle fut, heureusement pour elle, oubliée quelques mois dans la prison de Beauval et ne partit à Paris, a⟨vec⟩ un convoi de Carmélites, qu'à la veille même de Thermidor.

Délivrée mais complétement ruinée, elle revint s'enfermer aux Islet⟨tes⟩ qu'elle quitta en 1809 pour se remarier à un magistrat de la ville, M. F⟨...⟩ Elle mourut plus qu'octogénaire, vers 1860... »

Mme F....! — Ainsi la Sylvie de Ligneul de l'*Almanach des Mus*⟨es⟩

c'était la vieille Mme F... entrevue aux jours d'enfance dans les rues ⟨de⟩ Beauval, une petite vieille mince et frêle qui se faisait, le dimanc⟨he⟩ rouler à l'église dans une vinaigrette par un Caleb presque égaleme⟨nt⟩ vénérable ! La vieille dame dans son antique véhicule, espèce de chaise ⟨à⟩ porteurs montée sur roues, était une des curiosités de la ville ; sa figu⟨re⟩ encore rose et peu ridée, impassible, figée dans une expression de distra⟨c⟩tion dédaigneuse, encadrée avec une sorte de coquetterie de dentelles ⟨et⟩ d'épaisses boucles blanches, apparaissait aux gens de Beauval, à trave⟨rs⟩ le carreau de la vinaigrette, comme la personnification d'un passé fab⟨u⟩leusement lointain.

Avait-elle dû penser à Bourgogne-Cavalerie au doux temps de ⟨sa⟩ jeunesse, rêver aux ombrages des Islettes, pendant sa longue vie, a⟨ux⟩ côtés d'un vieux magistrat rigide, dans sa vieille maison étroite et froi⟨de⟩ plantée au fond d'une ruelle solitaire, aux grands murs moisis!

Pauvre Bourgogne-Cavalerie ! pauvre Sylvie !

Ainsi le souffle du destin avait brutalement balayé leurs rêves ;

avaient été pris, les deux amoureux, par la tempête formidable et roulés dans la grande catastrophe faite de millions de catastrophes particulières. Le pimpant officier de 1789, en quittant les Islettes pour se lancer dans la chouannerie, emporta l'*Almanach des Muses*, en souvenir des jours heureux, et, jusqu'au voyage final, de Pornic aux rues sanglantes de Nantes, il relut sans doute bien souvent, avec un amer sourire aux lèvres en songeant aux douces heures passées sous la charmille à côté de Sylvie, les poésies légères, les pastorales et les madrigaux d'avant le déluge.

Les Islettes, divisées en une quinzaine de lots, ne sont plus les Islettes; le château contient les bureaux et l'habitation d'un gros manufacturier, qui de la charmille surveille les cheminées de son usine noircissant l'azur à 500 mètres au delà. Le parc bouleversé, coupé en tranches égales, en jardins carrés et niaisement combinés, contient deux belles rangées de maisons bien régulières, des cubes d'un bourgeoisisme effréné, avec des boules de verre devant les portes et des statuettes de galants jardiniers en zinc. Disparu, le temple de la Nature! écroulé définitivement, le petit Amour rococo! finies, les Islettes!

Et toi, pauvre *Almanach des Muses*, qui, du salon des Islettes, en passant par les plaines de la Vendée guerroyante et par les sinistres prisons de Nantes, t'en vins échouer dans la boîte à 12 sous des quais, repose en paix maintenant chez un ami, à l'abri pour le plus longtemps possible, je l'espère, dans un bon coin, sur le rayon le plus tranquille et le plus poétique de la bibliothèque.

L'HÉRITAGE SIGISMOND

———

LUTTES HOMÉRIQUES D'UN VRAI BIBLIOFOL

CONTES POUR LES BIBLIOPHILES

L'HÉRITAGE SIGISMOND

LUTTES HOMÉRIQUES
D'UN VRAI BIBLIOFOL

« Ah! le gredin! ah! le misérable! ah! le pendard! »
De qui pouvait ainsi parler M. Raoul Guillemard, l'aimable et très illustre bibliophile, sinon de son ami Jules Sigismond, bibliophile non moins aimable et non moins illustre, devenu, hélas! trop prématurément feu Jules Sigismond. — C'était bien de défunt Sigismond, parbleu! Celui-ci d'ailleurs n'avait jamais, à l'heureux temps de son séjour ici-bas, parlé de son ami autre-

ment qu'en ces termes : Ce petit intrigant de Guillemard, mon ami, cet affreux roublard de Guillemard !

Ah ! c'est qu'ils avaient brûlé des mêmes feux pour les mêmes divinités reliées en vélin estampé ou en vieux maroquin, soupiré sous dentelle des mêmes livres rares, des mêmes éditions étonnantes et introuvables, c'est qu'ils avaient tourné autour du même « exemplaire unique relié aux armes de François Ier, Mazarin, ou Mme de Pompadour », des mêmes incunables ou princeps, c'est encore qu'ils avaient creusé des mines aux approches de certains livres adorés de loin pendant des ans et des ans, ouvert des sapes, donné des assauts, c'est qu'ils s'étaient enfin livré de furieux combats au billet bleu, c'est que l'un avait souvent infligé à l'autre de cruelles défaites ou que celui-ci avait forcé celui-là à remporter des vestes mémorables ! — Rien ne lie autant que la rivalité.

Guillemard et Sigismond s'étaient rencontrés chaque jour pendant vingt ans aux mêmes bons endroits, ils avaient même parfois, au feu des enchères, poussé la familiarité jusqu'au tutoiement; mais toujours, pour l'aimable Guillemard, son rival était resté ce gredin de Sigismond, sauf toutefois depuis les derniers six mois.

Car l'aimable bibliophile Sigismond venait de trépasser, il y avait environ un semestre, abandonnant douloureusement sur cette terre son incomparable bibliothèque ; il était devenu simplement « cet animal de Sigismond ».

M. Guillemard consultait tous les jours le calendrier. — Comment voilà six mois que mon ami est relié en chêne et l'on n'annonce pas encore *sa vente ?*... Voilà des héritiers bien négligents ! A quoi pensent ils donc, ces Iroquois ?

C'était dans une antique maison de Pontoise, à neuf lieues de Paris qu'en son vivant M. Sigismond avait enfermé, — tel un barbon jaloux et précautionneux, sa femme superbe et enviée, — sa richissime bibliothèque, c'était là qu'il avait vécu, palpant et caressant ses merveilles préférées, savourant la joie de ses trouvailles, décrivant, cataloguant ses exemplaires surprenants avec des recherches d'épithètes ardentes qui allaient jusqu'à exprimer le délire et la pâmoison !

Or Raoul Guillemard, impatienté de ne pas entendre parler de vente, avait pris un parti décisif. Ne pouvant s'avancer lui-même, il avait envoyé son homme d'affaires proposer aux hoirs de Sigismond l'achat en bloc de la bibliothèque, et cet homme d'affaires lui apprenait, nouvelle funeste et inattendue, que M. Sigismond avait, par testament notarié environné des plus minutieuses précautions, pris des dispositions défendant, sous quelque condition que ce fût, la vente de cette bibliothèque.

Ah ! qu'il était compréhensible, l'accès de fureur de M. Guillemard.

Est-il un bibliophile qui, se mettant à sa place, ne se sente sur l'heure disposé à faire chorus avec lui?

« Le scélérat! le brigand!

— En un mot, monsieur, répéta l'homme d'affaires quand son client eut expectoré sa colère, M. Sigismond a tout prévu, il a accumulé les obstacles contre la dispersion de ses livres; ils resteront dans sa vieille maison, tous rangés sur ses tablettes, sans qu'il soit possible d'en distraire un seul! C'est sa volonté expresse! Mais attendez et consolez-vous.

— Il n'y a pas de consolation possible!

— Si, écoutez!... Par un codicille à son testament, il a décidé que tous les ans, à l'anniversaire de sa naissance, quelques amis, confrères en bibliomanie, — il a mis le mot, ce n'est pas moi, — auraient le droit de passer douze heures dans la bibliothèque, de remuer et feuilleter les livres, à la charge de se laisser consciencieusement fouiller à l'entrée et à la sortie... et vous êtes du nombre des élus, le premier sur la liste, même!

— Le misérable! Il veut me tuer ou me pousser au crime! Ainsi il accapare encore au delà de la tombe! Et après avoir, pendant trois cent soixante-quatre jours et trois cent soixante-quatre nuits rêvé à ses merveilles, j'irai douze heures durant surexciter mes convoitises, brûler mon sang et ronger mon âme, à regarder ses livres... Comme il rira, le monstre, au fond de son emboîtage! comme il rira! car il sait que, malgré mes résolutions, je ne pourrai résister, et que j'irai, subissant avec platitude ses humiliantes conditions... Mais ne trouverai-je pas un moyen de les avoir en dépit de lui-même, ses livres! ses fameux livres!

L'homme d'affaires secoua la tête.

« Mais vous ne savez donc pas ce qu'il possédait? s'écria furieusement Guillemard, en secouant comme un prunier son homme d'affaires ahuri... Vous ne le savez donc pas? — Il avait Tout, d'abord, mais mieux que ça, il conservait, parmi les manuscrits et les incunables les plus précieux, le premier incunable imprimé bien avant Gutenberg:

le Dict de gras et de maigre, planches gravées en bois au criblé e planches de texte, entendez vous ? et daté : Leyde, 1405 Merveille unique, découverte en parfait état, en dépeçant une reliure de Bible du XVIᵉ siècle.

« ... Et Sigismond possédait aussi le premier Gutenberg, le premier livre imprimé en caractères mobiles, livre inconnu et introuvé avant lui, qui reporte l'ouverture de l'atelier de Strasbourg en 1438; une *Apocalypse*, avec date et signature, de quoi terrasser tous les doutes et toutes les négations... Comprenez-vous, un Gutenberg de 1438 ! Ah ! que ne donnerais-je pas pour posséder cet unique et miraculeux Gutenberg de 1438, tout ! tout ! dix ans, quinze ans de ma vie !

— Permettez...

— Mais votre vie elle-même tout entière ! Et ce serait pour rien ! Un Gutenberg en parfait état, avec figures et grandes lettres enluminées à la main pour imiter les manuscrits, avec reliure en bois et vetuyau sanguin orné de gros clous dorés sur le plat ! — Ce gredin de Sigismond gardait ça sous le boisseau; moi je ferais éclater la bombe. —

1438 ! Entendez-vous, messieurs les Bibliographes, 1438 ! — Tous vos systèmes rasés ! Nous sommes loin de la Bible de 1455 !... Et *le Maistre-*

Queux du Louvre, livre de cuisine imprimé à Paris en 1467, provenant de la Bibliothèque du Louvre, bien qu'oublié sur les inventaires sans doute parce qu'il était de service à la cuisine! Et *l'Arrière-Ban des Damoiselles*, ouvrage satirique avec nombreuses figures sur bois du miniaturiste Jehan Fouquet, gravées par Philippe Pigouchet et enluminées, estampes élégantes et railleuses où défilent toutes les femmes, depuis la duchesse jusqu'à la chambrière, à la date de 1469! — Et *la Dame des quatre fils Aymon*, le premier roman populaire, imprimé sur vrai papier à chandelle, exemplaire unique, froissé, déchiré, sali et maculé, Paris, 1468! Ainsi les trois premiers livres a dates certaines imprimés à Paris sont un roman, un livre satirique sur les femmes et un manuel de cuisine! Tout Paris se rencontre déjà dans cette trinité, les livres de dévotion ne viennent qu'après! Quand je posséderai ces trois livres...

— Mais, essaya de dire l'homme d'affaires, vous ne les posséderez pas.

— ... J'écrirai un volume là-dessus! Joli thème, hein! Voici dans l'œuf notre littérature et nos mœurs, voici déjà, au milieu du XVe siècle, notre Paris galant, frivole, artiste, romanesque, gourmand, etc. — Et ce Sigismond qui cachait bêtement ce trésor! Et ses autres merveilles: *la Petite chronique de Guyot Marchand*, 1483, avec figures retouchées en miniatures, *le Débat de gente Pucelle et de folle Pucelle*, chez Robin Chaillot, 1480, *les Fruits du péché*, An-

Les fruicts du Pesche
·1489·

toine Vérard, 1489! Et l'introuvable *Gargantua*, princeps de Lyon, 153[1]
Et ses Alde Manuce, ses Elzevier, ses Estienne !... Mais je veux surto[ut]
mes trois premiers livres typographiques, de Paris... entendez-vous,
les veux ! Retournez, doublez mon offre s'il le faut !... Vite ! ne perd[ez]
pas une seconde !

— Mais vous ne les aurez pas, vous ne pouvez les avoir ! gém[it]
l'homme d'affaires, se déga[-]
geant des mains de Raou[l]
Guillemard et reculant ju[s-]
qu'au bout de la pièce pou[r]
avoir la faculté de fouill[er]
dans sa poche, tenez, rega[r-]
dez, j'ai copie du testame[nt]
de M. Sigismond : *Je lègu[e]
à M*^{lle} *Éléonore-Stéphanie
Pulchérie Sigismond, ma co[u]-
sine, etc., etc., à la conditio[n]
expresse de...* »

Il ne put continue[r].
Le sympathique bibliophi[le]
Raoul Guillemard venait d[e]
bondir, exultant, affolé :

« Une demoiselle ! Sa lé[-]
gataire est une demoiselle [!]
Et vous ne le disiez pas tou[t]
de suite, au lieu de m'en[-]
nuyer avec vos : « Tu n[e]
l'auras pas ! » J'aurai, au con[-]
traire, tout est sauvé ! *L'A[r-]
rière-Ban des Damoiselles*, l[e]
Gutenberg de *1438*, l'Incu[-]
nable de *1405*, je les aur[ai]

*La
vie tres horrificque
du
Grand Gargantua*

Lyon 1531.

tous !... Je les épouse, j'épouse Mlle Éléonore Sigismond !

— Attendez ! cria l'homme d'affaires.

— Encore ! mais vous n'êtes donc mon homme d'affaires que pou[r]
m'accabler de tracas, pour m'assommer de contradictions, me noyer sou[s]
les contrariétés ? — J'épouse ! Ce gredin de Sigismond ne l'a pas défendu[,]
j'espère ?

— Ecoutez-moi... il ne l'a pas défendu, mais Mlle Éléonore Sigis[-]
mond a cinquante-huit ans ! »

Raoul ne broncha pas une seconde.

« Ah çà, mais ! s'écria-t-il, vous figurez-vous, monsieur, que j[e]
songe au mariage par dépravation ?... Comme tous ces farceurs qu[i]

n'épousent que parce que la fiancée est jolie, parce qu'elle est charmante, gracieuse, langoureuse même ! Concupiscence très blâmable ! Appétit de la chair ! Goûts luxurieux !... Fi !... Qu'est-ce que la femme ? Une édition d'Ève, plus ou moins conservée...

— Soit... mais la reliure ?

— Reliée en plus ou moins soyeux et chatoyant satin, si vous voulez ! Donc chassez loin de vous toutes vos impures et mièvres idées de galanterie. Éléonore Sigismond a cinquante-huit ans, j'en ai quarante-neuf, c'est parfait... Quelle chance que je ne sois pas marié, je l'ai échappé belle ! Voyons, à quelle heure le train pour Pontoise ? Vous allez courir faire ma demande en mariage... cette pauvre Éléonore !

— Dites-moi, en douze ou quinze jours on peut être marié, n'est-ce pas ?

— Mais vous n'y songez pas !... Je l'ai vue, votre Éléonore, c'est une véritable haridelle, sèche comme une vieille planche mal rabotée...

— Partez donc ! dépêchez-vous !

— Ridée comme une pomme de reinette, ravinée par le temps, un monstre !

— Oh !

— Mais elle a une perruque et un râtelier ! elle a le nez crochu et sur les joues trois verrues ornées de touffes de crins durs...

— Est-ce vous qui devez l'épouser, vieux débauché ? Partez donc, ou plutôt non, j'y vais moi-même ! Nous disons : Mlle Éléonore Sigismond, à Pontoise, rue du Val-d'Amour, 77... J'y vole ! »

II

Le chargé d'affaires du sympathique bibliophile n'avait pas flatté le portrait de Mlle Éléonore Sigismond, mais ce portrait était presque exact. M. Raoul Guillemard aurait pu s'en convaincre du premier coup d'œil quand il entra dans le salon de la demoiselle à Pontoise, s'il avait eu des yeux pour la regarder. Mais ses yeux et son âme s'étaient tournés tout de suite vers un deuxième corps de logis qu'à travers les rideaux des fenêtres il apercevait de l'autre côté d'une large cour aux pavés encadrés d'herbe. C'était là. C'était dans ce grand bâtiment, vieux d'un siècle ou deux, que le bibliotaphe Sigismond avait caché et enterré ses livres ! l'*Incunable de 1405*, le *Gutenberg de 1438*, l'*Arrière-Ban des Damoiselles*, ils étaient là, tous ! Et il n'y pouvait toucher !

Cette pensée douloureuse enraya légèrement son éloquence et obscurcit le discours qu'il tint à Mlle Éléonore Sigismond. Celle-ci prit d'abord le sympathique Guillemard pour un mendiant à domicile en train de lui dépeindre ses malheurs; puis, considérant que ce monsieur en habit était bien vêtu pour un quémandeur, elle le somma de s'expliquer plus clairement.

Pauvre demoiselle Sigismond, elle ne s'attendait pas à la secousse. Elle comprit enfin, car tout à coup ses pommettes sculptées au couteau rougirent, son grand nez se colora et les crins des trois verrues semés sur son gracieux visage se hérissèrent brusquement sous le coup d'une stupeur violente. Alors, avec une sorte de gloussement étouffé, elle se

leva de sa chaise en portant la main sur son corsage comme pour comprimer les battements de son cœur.

Raoul prit cela pour un commencement de tendre émotion; cessant un instant de glisser des regards en coulisse du côté de la cour, il s'efforça de donner à sa voix de douces inflexions et frappa le grand coup:

« Oui, mademoiselle, je sais tout ce que cette démarche a d'irrégulier, mais j'ai tenu moi-même à vous exprimer mes sentiments... mûris par l'âge et la réflexion... la vie est un jardin que des fleurs diverses viennent émailler à toutes les saisons, après la marguerite printanière, le chrysanthème automnal. L'homme n'est pas fait pour voguer tout seul sur l'Océan tourmenté de l'existence, ni la femme pour se dessécher sur le rocher de l'isolement; en un mot, mademoiselle Éléonore, j'ai l'honneur de solliciter votre main! »

Mlle Éléonore avait pâli et elle essayait vainement de parler.

« C'est une affaire entendue, dit l'impatient Raoul, qui prit ce silence pour un acquiescement et se leva; nos deux notaires s'entendront... Régime de la communauté... peut-on visiter la maison?... la bibliothèque est par là, n'est-ce pas?

— Insolent! s'écria enfin Mlle Éléonore, grossier personnage! venir se moquer d'une faible femme sans défense!

— Plaît-il? fit Raoul, mais je suis sérieux, très sérieux! Vous êtes un peu mûre, fadaise! suis-je un freluquet, moi-même?... Et mes sentiments sont solides, vous pouvez me croire; je ne suis pas un papillon qui voltige de rose en rose... et je vous le prouverai! »

L'effronté Raoul sourit gracieusement à Mlle Éléonore et poursuivit:

« Tenez, mademoiselle, voilà vingt ans, trente ans, que votre poétique image hante mes rêves, trente ans que je viens à Pontoise en cachette, la nuit, soupirer sous vos fenêtres...

— Vil imposteur! Je n'habite Pontoise que depuis six mois, je n'étais jamais jusque-là sortie de Château-Thierry!

L'HÉRITAGE SIGISMOND

— C'est Château-Thierry que je voulais dire! Où es-tu, ô ma jeunesse en proie à la mélancolie, rongée par une passion fatale et incomprise... car jusqu'ici vous n'avez pas voulu me comprendre! Mais c'est fini, tout est arrangé, vous avez dit oui, ne parlons plus de ça, c'est l'affaire des notaires! Dites-moi, peut-on voir la bibliothèque de Sigismond?

— Je comprends tout! s'écria Mlle Éléonore, vous êtes encore un ami de Sigismond et vous venez pour ces affreux livres!... »

Un mot prononcé par Mlle Sigismond avait fait dresser l'oreille au sympathique Guillemard. Elle avait dit : *encore un ami de Sigismond*, que signifiait cet *encore*? D'autres seraient-ils déjà venus, attirés aussi par la bibliothèque?

« Pardon, dit-il d'une voix altérée, on est donc déjà venu?

— Oui, d'autres sont venus me tourmenter pour ces monstres de livres; mais aucun n'a poussé l'impudeur aussi loin que vous! Il y a un monsieur Bicharette et un monsieur Joliffe qui m'ont offert des sommes folles de ces livres que je n'ai pas le droit de vendre!... »

Bicharette et Joliffe! deux malins! Ah! les fouines! Raoul frémit.

« Je leur ai expliqué que mon cousin Sigismond en m'instituant sa légataire universelle m'avait formellement interdit de vendre... de me débarrasser d'aucun de ses piteux bouquins...

— Très bien! vous avez bien fait! Ne vendez rien à ces intrigants! Ils sont partis, n'est-ce pas, en s'inclinant respectueusement devant la suprême volonté de ce brave Sigismond?

— Non pas; l'un a acheté une maison en face et l'autre une maison à côté de celle-ci, et ils m'ont dit qu'ils camperaient là en attendant...

— Quoi? qu'attendront-ils, ces crocodiles?

— Ma... mon... mon évanouissement! clama Mlle Éléonore, parce que le testament de Sigismond ne m'oblige à conserver ses livres que ma vie durant; il a négligé d'instituer cette conservation en charge perpétuelle qui obligerait mes héritiers...

— Très bien! bravo! enfoncé Sigismond! s'écria le sympathique Raoul, Bicharette et Joliffe n'auront rien, c'est moi qui aurai tout, je le jure! J'attendrai, moi aussi, avec impatience, mais j'attendrai!

— Ah! ah! vous levez le masque! eh bien, je vais vous dire ce que je vais faire, moi, à vos bouquins! Ce sont mes ennemis, car vous ne savez pas qu'il y a quarante-six ou sept ans, Sigismond devait m'épouser et que la chasse aux livres avec ses exigences de temps et d'argent lui a fait remettre notre mariage d'année en année jusqu'au jour où il eût été trop ridicule d'y songer encore! — Ah oui! il avait bien le temps de penser à moi! une femme, une maison, des toilettes, des enfants, ça coûte trop cher, il lui eût fallu rogner sur les livres, il a préféré ses bouquins! Mais vous allez voir ce que j'en ferai de ses odieux bouquins... Je suis tenue par son testament de les garder, mais non de les soigner, cher monsieur..., non de les soigner! Je vais me venger de mes quarante-cinq années de tristesse et d'abandon. Ils vont me payer le manque de foi de Sigismond. Ah! volage, tu m'as délaissée pour eux, tu vas voir ce que j'en fais de tes reliques! Vous verrez aussi, je ne suis pas fâchée d'étaler ma belle vengeance sous les yeux d'un ami des paperasses... Tenez, regardez! »

Elle avait entraîné Guillemard à la fenêtre et lui montrait le toit du bâtiment contenant la bibliothèque.

« Vous voyez qu'aux fenêtres du grand grenier, au-dessus de la bibliothèque, il n'y a plus un seul carreau; tous cassés, cher monsieur, et par moi! — Regardez plus haut, sur le toit, voyez-vous ces larges trous çà et là? C'est moi qui ai fait enlever les tuiles! La pluie pénètre tout à son aise, elle pourrit les planchers et filtre au-dessous dans les salles aux livres..., c'est charmant; il y a déjà de grandes taches vertes, des plaques de moisissure au plafond, et de longues rigoles qui dégoulinent délicatement le long des murailles..., cascades ruisselantes d'espoir.

— Horreur! gémit Raoul Guillemard pétrifié.

— Pour que la moisissure marche plus vite, j'ai fait du grenier un vrai jardin, j'y cultive en pots toutes les natures de plantes, celles surtout qui aiment l'humidité, et je les arrose tous les jours avec générosité...

— O Ariane antique et féroce! Ces livres sont innocents... Sigismond fut un misérable, mais puisque j'offre de tout réparer, épargnez les livres!

— Venez, maintenant, dit Éléonore Sigismond en prenant un trousseau de clefs, vous n'avez droit de pénétrer dans la bibliothèque qu'une fois par an et ce n'est pas le jour, mais je veux vous faire une faveur, cher monsieur, une faveur! Suivez-moi! »

M. Raoul Guillemard, les cheveux en désordre, la tête tombant de droite à gauche, comme un homme qui a reçu un fort coup de massue, suivit la vindicative Éléonore en poussant un gémissement à chaque pas.

« Une bibliothèque qui contient des livres ayant appartenu à Grolier et à Maioli, aux rois, aux empereurs, aux princesses; des reliures divines... Mademoiselle! vous ignorez... vous ne savez pas... des Grolier! Mais je consentirais à vendre ma peau et à me faire écorcher vif, si l'on me promettait de me confectionner avec des chefs-d'œuvre semblables!

— Donnez-vous donc la peine de monter cet escalier, dit Mlle Eléonore après avoir traversé la cour, mais fermez bien la porte, qu'il n'entre pas de matous indiscrets, je déteste les matous... Là, attendons un instant sur le palier, prêtez l'oreille, cher monsieur, entendez-vous?

— Qu'est-ce que c'est que ça? fit Raoul Guillemard, d'un air effaré après avoir écouté une minute, il y a quelqu'un dans la bibliothèque ? Des enfants ? quelle imprudence !

— Des enfants ? Non, ça ne fait pas suffisamment de besogne... ce sont des souris, ces trottinements, ces courses, ces petits cris, ce sont leurs jeux, à ces charmantes bêtes !...

— Des souris ! dans une bibliothèque !

— Une bibliothèque fermée, où ne doit pas entrer un chat !... J'aime beaucoup les souris, j'en ai fait acheter un lot de trois cents... cent cinquante couples, je les ai lâchés dans la bibliothèque en leur disant : Croissez et multipliez ! La multiplication doit avoir commencé depuis trois mois, la nourriture ne leur manque pas, ces charmantes bêtes adorent les vieux papiers, les parchemins, les peaux...

— Horreur ! gémit Raoul Guillemard, qui se laissa tomber sur une marche de l'escalier.

— Attention au coup d'œil, reprit Mlle Eléonore, et prêtez-moi votre canne pour éloigner mes petites protégées de mes jupes, j'ouvre ! »

Elle tourna doucement la clef et poussa la porte. Ce n'était que trop vrai ! Il y avait là des légions de souris qu'une exclamation de Raoul jeta dans une galopade insensée ; il en sortit de partout, des vitrines ouvertes, des tiroirs des tables ; il en dégringola des plus hautes tablettes, il en jaillit des armoires entre-bâillées, des grosses, des minces, des mères lourdes et ventrues, des petites gracieuses et sautillantes. Raoul en écrasa deux, malgré les efforts d'Éléonore ; mais l'armée, après s'être réfugiée un instant dans ses trous, reprit bientôt ses courses.

« Vous voyez que les intentions de Sigismond sont fidèlement respectées, dit la terrible héritière ; pas un livre n'a bougé, je conserve avec soin ! »

Une pensée de crime traversa l'esprit de Raoul, mais cet homme de mœurs douces manquait d'énergie pour les grandes résolutions : il recula et se contenta de se jeter aux genoux d'Eléonore :

« Chère mademoiselle ! De justes griefs contre ce sacripant de Sigismond vous égarent, mais vous êtes bonne au fond, vous pardonnerez à ces pauvres livres... songez qu'il y a là, entre autres chefs-d'œuvre livrés à la dent des souris, les *Contes de La Fontaine* des fermiers généraux, l'exemplaire *non coupé* du traitant Molin de Villiers, exemplaire unique, avec six contes apocryphes et huit gravures de Choffard et d'Eisen qui ne se trouvent que là, plus quatre vignettes que les fermiers généraux trouvèrent trop légères et dont les planches furent détruites après un tirage de quelques épreuves...

— Des turpitudes ! Montrez-les-moi pour que je les mette bien à portée de mes souris !

— Grâce !

— Continuons notre inspection. Regardez, s'il vous plaît, ces taches au plafond, ces moisissures le long des murailles ; tenez, voilà tout un panneau détruit ; regardez, voilà des planches qui se décollent ! oh ! l'humidité, cher monsieur, l'humidité, comme ça dégrade les immeubles !...

— Pitié ! mademoiselle, puisque vous ne voulez pas m'épouser, adoptez-moi. Je serai votre fils, je vous chérirai, je vous...

— Y pensez-vous, monsieur ? on jaserait !

— Laissez-moi vous adopter, alors ; je serai votre père, votre oncle...

— Vous êtes plus jeune que moi ! Vous avez cinquante ans et n'en paraissez pas plus de cinquante-cinq !... Tenez, regardez dans la cour, voyez-vous cette petite fille qui saute à la corde, elle a cinq ans et demi, c'est ma petite nièce et mon unique héritière, patientez jusqu'à ma... mon... ma disparition de cette terre de mauvaise foi, elle aura le droit de vous céder tous ces bouquins... s'il en reste !... Maintenant, veuillez prendre l'escalier, s'il vous plaît ; j'ai l'honneur de vous saluer ! »

III

Après quinze jours consacrés à soigner un commencement de maladie nerveuse, rapporté de sa visite à Mlle Sigismond, le sympathique et amaigri Raoul Guillemard revint encore à Pontoise, mais cette fois très mystérieusement. Il erra le soir au clair de lune sous les fenêtres d'Éléonore pour étudier les abords de la place. Du dehors, on ne pouvait se douter de l'œuvre d'effroyable vengeance qui s'accomplissait là ; sur la rue, le bâtiment contenant la bibliothèque de Sigismond paraissait encore sain et solide. Les victimes étant muettes, rien ne dénonçait au dehors la maison du crime. Joliffe et Bicharette ne savaient rien. M. Guillemard, toujours aussi mystérieusement, acquit au double de sa valeur la maison qui flanquait à gauche la bibliothèque Sigismond, et s'installa dans la nuit, après avoir, par excès de précaution, rasé complètement sa barbe et coiffé une perruque frisée sur sa calvitie. Joliffe, quand il le rencontra, ne le reconnut pas ; il pouvait défier les regards perçants d'Eléonore.

Il avait son plan. Pour commencer, comme il était mitoyen avec la bibliothèque, il entretint jour et nuit, malgré les chaleurs de l'été, un feu d'enfer dans toutes les cheminées appuyées au mur commun, pour combattre l'humidité. Les cheminées éclatèrent ; le mur, calciné par places, se fendilla ; trois fois pendant le premier mois les pompiers durent accourir éteindre des commencements d'incendie. Sur les observations du commissaire, Raoul Guillemard, qui se prétendit créole pour s'excuser, dut modérer ses feux.

L'HÉRITAGE SIGISMOND

Par une sombre nuit d'orage, un homme en blouse, muni d'un grand sac d'où semblaient s'échapper des gémissements étouffés, escalada le mur du jardin des Sigismond, se glissa dans les allées, pénétra dans une remise, prit une échelle et se hissa jusqu'à la hauteur d'une petite fenêtre aux vitres brisées donnant sur la bibliothèque. Poussant alors son sac à travers un carreau, il le vida dans l'intérieur et resta ensuite accoudé sur la fenêtre, l'oreille tournée vers l'intérieur, la figure contractée par un rictus.

Cet homme, c'était Raoul Guillemard; le sac vidé dans la bibliothèque contenait six chats vigoureux achetés à Paris et préalablement soumis à une diète de quelques jours. Maintenant lancés sur les peuplades rongeuses chargées de la vengeance d'Éléonore, ils devaient jouer terriblement de la griffe et de la dent. Guillemard entendait leurs bonds et leurs miaulements de plaisir; souriant à la pensée de l'infernal carnage, il regagna le jardin avec les mêmes précautions et refranchit le mur. Sa mauvaise étoile voulut qu'à ce moment Éléonore, éveillée par quelque bruit, ouvrit sa fenêtre et l'aperçut de loin à cheval sur le mur. Effrayé par ses cris, le bibliophile détala bien vite et ne rentra chez lui qu'après un long détour.

Le lendemain, il aperçut au-dessus du mur escaladé un grand écriteau bien en vue : *Il y a des pièges à loups dans cette propriété*. Mlle Sigismond, qu'il guettait par l'entre-bâillement d'un volet, paraissait tout agitée ; elle ne faisait qu'aller et venir. Sur le soir, il la vit invectiver dans sa cour un cadavre de chat pendu à un clou.

Raoul Guillemard laissa passer deux jours; la nuit du deuxième jour, deux hommes, au risque de se casser le cou, gagnèrent par le toit de Raoul le toit de la bibliothèque et entreprirent une mystérieuse besogne. L'un de ces hommes était le sympathique bibliophile lui-même, l'autre, un ouvrier couvreur amené de Paris presque au poids de l'or ; avec de vieilles tuiles bien sombres, ils raccommodaient le toit de la bibliothèque et bouchaient tous les trous ouverts par la scélératesse d'Éléonore.

C'était la lutte, car la légataire de Sigismond ne pouvait manquer de constater bien vite ces réparations subreptices. En effet, à quelques matins de là, Éléonore, après avoir donné de sa fenêtre tous les signes d'une formidable stupéfaction, monta dans le grenier et enleva elle-même les tuiles rapportées. M. Guillemard fit revenir son couvreur. Éléonore détruisit encore ses réparations. Surexcité par la lutte, Raoul eut une idée de génie; avec son ouvrier, il entreprit de couvrir de ciment le parquet du grenier. Ce travail leur prit six nuits, mais il fut bien exécuté ; dès qu'une partie du plancher était faite, Guillemard la recouvrait d'une couche épaisse de poussière et remettait en place les pots de fleurs de Mlle Sigismond. Des rigoles furent adroitement ménagées et dissimulées.

elles conduisaient les eaux par des trous dans le grenier de Guillemard et de là dans les gouttières. Maintenant, il pouvait pleuvoir sur la bibliothèque.

Restait l'autre ennemi, la garnison de souris. Hélas! tous les chats du pauvre bibliophile avaient péri; l'un après l'autre ils avaient été pris et pendus. N'importe. Guillemard escalada encore le mur avec une nouvelle armée de matous. La souris est si prodigieusement féconde, que les pertes causées par la dent des premiers chats étaient déjà réparées. Il y eut un nouveau carnage, puis de nouvelles pendaisons. Guillemard s'obstina. Comme il revenait de porter son troisième sac de chats, il mit le pied sur un des pièges à loups semés dans le jardin. Par bonheur, le piège mordit sur sa bottine; l'héroïque Guillemard, malgré sa souffrance, put dégager son pied en laissant la bottine aux dents de fer du piège.

IV

Une année, deux années, cinq années s'écoulèrent, années de défis, de ruses, de stratagèmes, de véritables combats. Joliffe et Bicharette s'étaient depuis longtemps lassés d'attendre le décès de Mlle Sigismond. Le sympathique Raoul était resté sur la brèche, vaillant et obstiné. Un beau jour, Mlle Sigismond parut renoncer à la lutte; elle négligea de démolir les réparations nocturnement exécutées sur le toit, et elle laissa les chats de Raoul s'engraisser aux dépens des souris garnisonnant dans la place.

L'incognito de Raoul était depuis longtemps percé à jour; il avait laissé repousser sa barbe et teignait ses moustaches dans l'espoir de toucher un jour le cœur de la petite nièce d'Éléonore, arrivée à l'âge de onze ans. Hélas! que d'années encore à passer dans ce doux espoir!

Comme il rentrait un soir d'une séance à la salle Sylvestre, la cuisinière de Mlle Sigismond lui apporta une lettre. O bonheur! ô rêve! Mlle Éléonore s'adoucissait! Touchée par la persévérance de Raoul, elle lui déclarait à brûle-pourpoint qu'elle consentait à l'épouser, si ses sentiments pour la bibliothèque n'avaient pas changé. Mariage de raison, disait-elle.

Pour acquérir le lot de livres merveilleux délaissés par Sigismond, il fallait prendre cet exemplaire atrocement défraîchi de Mme Ève: l'héroïque Raoul n'eut pas une seconde d'hésitation.

Et c'est ainsi qu'un soir, après le repas de noces, plus solennel qu'il n'eût voulu, Raoul, le cœur battant d'un indicible émoi, obtint de l'épousée ce pourquoi, depuis tant d'années, ses soupirs montaient vers le ciel inclément, la clef de la bibliothèque!

Enfin! enfin! enfin!!! Laissant Mme Guillemard aux soins de sa chambrière, Raoul escalada quatre à quatre les marches du bienheureux escalier et ouvrit tendrement la porte. O joie! ils étaient là, les incunables, les Gutenberg introuvés, le *Ban des Damoiselles*, les *Fruits du péché*, le *Gargantua* de 1531, et les autres. Que de poussière, hélas! bien mal tenue, cette bibliothèque! mais comme il allait tout transformer, tout nettoyer, tout cataloguer! Quelles joies, quels transports!... Et quel bruit dans le monde ses découvertes ou plutôt ses conquêtes allaient faire!

Un gros chat dormait sur un tas de livres dans un coin, Raoul l'envoya promener d'un coup de pied, et, la lampe à la main, se précipita vers les rayons réservés où dormaient les précieux volumes à peine entrevus du temps du méfiant Sigismond. Les voici tous, ô délire! Raoul les reconnaît; il y a là, dans leurs habits du temps, trente ou trente-cinq tomes, exemplaires uniques d'ouvrages inconnus ou perdus, trente ou trente-cinq merveilleux opuscules qu'on ne trouverait pas en fouillant jusqu'au fond les bibliothèques nationales.

Raoul porte une main respectueuse sur les tablettes... son cœur saute... mais il tressaille tout à coup, les reliures semblent piquées de petites taches noires, une fine poussière voltige dès qu'il soulève un volume... Celui-ci, c'est le *Débat de gente pucelle* de 1480, ouvrage perdu depuis deux siècles... Horreur! le volume, dans sa reliure percée à jour, est absolument dévoré par les vers... Voyons cet autre! Abomination! *La Petite Chronique*, de 1483, somptueusement habillée par Grolier, rongée, perforée, dévorée de même! Et le voici, lui, le Gutenberg de 1438, réduit à l'état de dentelles, absolument détruit! Les incunables, mangés aussi! Les Alde, les Elzevier, les Estienne! tous, tous hideusement dévorés par de gros vers que Raoul trouve encore au fond des nervures forées dans l'épaisseur des volumes! Tous finis, tous en miettes! Malgré leur teinture, les moustaches de Raoul blanchissent à vue d'œil.....

Soudain, un éclat de rire strident interrompit ses lamentables constatations. Il se retourna. Éléonore, qui l'avait suivi, était là, son bougeoir à la main.

« Ah ! ah ! suis-je bien vengée, cher monsieur Raoul Guillemard, émule de Sigismond? Les souris? l'humidité? destructeurs beaucoup trop lents! Nous avons trouvé mieux! Vous voyez dans ces dentelles en vieux papier, ô mon mari, l'ouvrage des vers, non pas des petits vers communs de notre pays, pauvres travailleurs; mais de ces vers exotiques si terriblement voraces, qui, jadis amenés par quelque navire, ont, en peu d'années, dévoré les archives de la Rochelle... J'en ai fait venir un certain nombre, et vous pouvez admirer aujourd'hui leur joli travail. Ah! ah! que doit dire Sigismond là-haut? Quels mauvais moments il doit passer à son tour! J'en mourrai de rire! ah! ah! ah!!!... »

Est-il nécessaire d'ajouter, à l'honneur de Raoul, que, sans hésiter, il se jeta sur l'héritière de Sigismond pour essayer de l'étrangler! O vengeance! ô rage! ses doigts se crispèrent; il serra en grinçant des dents. La force malheureusement lui manqua, le coup avait été trop rude, il tomba sur le tas de reliures vides et s'évanouit, flasque et lamentable; il était mort, soupirant encore pour le *Débat de la gente Pucelle.*

LE

BIBLIOTHÉCAIRE VAN DER BOECKEN

DE ROTTERDAM

Contes pour les Bibliophiles....

LE BIBLIOTHÉCAIRE VAN DER BOËCKEN
DE ROTTERDAM
(Histoire vraie)

A mise en scène est à indiquer : — C'était, il y a deux mois, au château de La Battue, chez le fin bibliognoste Robert de Boisgrieux. — Au cours de la soirée, nous nous trouvions réunis six ou sept dans le fumoir-bibliothèque, autour d'une table chargée à l'anglaise de soda-brandy et de *spirits* variés. — Pas une seule femme n'avait osé se risquer dans notre tabagie ; aussi, après avoir égrené nos plus gros rires sur des histoires fallacieuses dont quelques-unes très gauloises et même périphalliques, nous trouvions-nous alors tous assez amollis et largement distendus par la gaieté qui nous avait secoués deux heures durant de la gorge au nombril.

Nous nous sentions également las de bouquiner dans les vitrines de notre hôte, las de manier des maroquins signés et des éditions d'origine et de noble provenance, grisés par la vue des vignettes, étourdis par les ex-libris, hypnotisés par les marques typographiques à devises affinées par les doubles sens grecs, latins et français.

Une belle flambée d'automne, alimentée par la javelle et les branchages, mettait dans l'âtre une joyeuse pyrotechnie pétaradante, et nous nous étions approchés en cercle, les yeux dans la flamme, muets, rêveurs, dans une accalmie étrange. — Le petit Jean de Marconville, sortant de son engourdissement, avait tout à coup parlé avec une grande délicatesse des sensations troublantes de certaines heures nocturnes et de ce besoin étrange qu'on éprouve parfois à la campagne de se conter des choses de l'autre monde; alors que le vent bruit au dehors dans la nuit noire et que, instinctivement, les uns près des autres, on se rapproche comme pour faire communier avec une sorte de volupté inquiète ses frissons sous-cutanés dans une même dévotion d'inconnu.

Chacun de nous constata la justesse de cette observation, et dans le centre de notre demi-cercle, devant la danse amollissante des flammes, il ne fut plus guère question que de surnaturel, de mystologie, d'influences occultes, d'aventures bizarres, d'évocations, de prescience et de fatalisme.

Les hommes apportent dans les causeries de ce genre moins de fièvre anagogique que la femme, moins de curiosité devant l'inconcevable, mais tous en général aiment à se montrer en coquetterie de bravoure avec l'inaccessible et à prouver par des histoires de mysticisme et de révélation, par des drames inexpliqués et inexplicables, la crânerie de leur rôle en telles et telles circonstances. — Ce fut bien vite entre nous presque un décameron d'étrangetés : spiritisme, apparitions, hypnotisme, visions, fantasmagories, théophanie, hallucinations et cauchemar, tout y passa. Chacun avait dans sa mémoire, sinon dans sa vie, des faits ténébreux, prestigieux ou maléfiques à donner en pâture à nos superstitions en éveil, et nous arrivâmes à une psychologie étourdissante qui eût fait pousser des cris de chauves-souris effarés aux aimables dames qui caquetaient dans les salons voisins.

Comme mon tour était venu d'exposer également un tableau de souvenirs personnels au milieu de cette galerie d'anecdotes diaboliques et stupéfiantes, je cherchai à donner la relation la plus simple et la plus véridique d'une curieuse rencontre de voyage, dont tout l'intérêt s'allu-

mait et se condensait sur une caractéristique figure d'homme qui, bien souvent, me hanta aux heures de rêveries sur l'insondable mystère humain.
Voici cette histoire telle que je la contai ce soir-là :

II

Au cours d'une promenade au pays de Rembrandt et de Franz Hals, il y a cinq ans environ, j'arrivai à Rotterdam par ce merveilleux itinéraire de canaux et de fleuves, exploité par les bateaux-Télégraphes de l'honnête Van Maenen, d'Anvers. — Me trouvant seul et assez malhabile au parler néerlandais, étourdi par les premières luttes avec les Ali-Baba

du change monétaire, un peu giflé aussi par l'air de l'Escaut et de la Meuse parcourus de nuit et de matinée, je m'empressai de me réfugier au Musée, dans la solitude des grandes salles à peine troublées par le pas cadencé des gardiens. — J'eus vite terminé ma visite à cette médiocre pinacothèque remplie de peintures restaurées et sans haute valeur, et j'allais me retirer lorsqu'un petit tableau, dans la manière de J. Steen, attira mes regards : sur le cadre brillait le nom très inconnu du peintre *Van der Boëcken*.

Van der Boëcken!... J'épelais ce nom, curieux d'y accrocher un souvenir. *Van der Boëcken!...* — Pardieu! me dis-je tout à coup, soliloquant à haute voix par plaisir d'entendre ma propre langue à l'étranger, *Van der Boecken*, mais j'y suis, mon cher, je n'y songeais point ; ce nom d'antique rapin évoque à mon esprit un Van der Boëcken, bien vivant, Archiviste-Bibliothécaire municipal de Rotterdam : et je me rappelai toute une correspondance échangée avec cet ami mystérieux à propos de Scaliger et de ses éditions. — La bonne fortune vraiment d'avoir regardé ce petit *Van Crouten*, songeai-je en riant ; sans cette coïncidence, mon incuriosité me faisait négliger une rencontre peut-être agréable. Allons vitement présenter nos hommages à cet homme docte et obligeant.

« *Van der Boécken?* dis-je à un gardien avec une nuance d'interrogation.

— « *Ya... Bibliothek* », répondit-il de la gorge avec un sourire ineffable, tandis que baissant le doigt à terre, frappant du pied, il m'indi-

quait le rez-de-chaussée du monument, où dorment en effet, en dessous des tableaux du musée, les 40,000 volumes, les dessins et gravures de la Bibliothèque municipale de Rotterdam.

Un grand coup de sonnette à une petite porte sur laquelle le nom du Bibliothécaire était gravé, une apparition de servante blanche et rouge, ma carte remise, et presque aussitôt je me trouvais introduit auprès du grand archiviste, lequel s'était levé poussant des exclamations de franche gaieté, pressant mes mains avec des témoignages d'un plaisir sincère ;... puis un siège près de lui me tendit les bras, et je pus enfin m'assurer que Van der Boécken en personne m'offrait asile et sympathie dans sa Babel de papier noirci.

J'avais devant moi un grand diable de corps solide et élancé, largement redingoté à la façon Restauration et surmonté d'une tête étrange ornée d'une longue barbe de capucin, une barbe intègre et intacte, une barbe de fleuve et de philosophe, une barbe d'un blond indécis, déjà fleurie par la cinquantaine. — Ce qui me frappa, ce furent ses yeux d'un bleu vert de faïence persane ou de glacier des Alpes, deux yeux polaires, comme l'imagination des hommes du Nord en prête aux goules et aux vampires. Ces yeux se mouvaient dans un visage que Granville eût assimilé à l'oiseau de proie; ils s'allumaient comme deux phares derrière un nez de

promontoire aigu, et, sans la bonté suprême du sourire, ainsi que la grâce pleine d'urbanité des gestes, je crois bien que le premier abord du savant Van der Boëcken eût été à ma vue quelque peu féroce et inquiétant.

Mais l'excellent homme ne me laissait point le loisir d'observer, il m'accueillait avec une joie délirante comme un fils arrivant de Java. — Déjà il m'offrait le Schiedam de l'amitié, versant de larges verres de cette liqueur bizarre qui entre dans la gorge comme du brouillard distillé; puis il m'enveloppait de petits soins, d'attentions, jurant de se consacrer à moi durant mon séjour aux bords de la Meuse et de la *Rotte*, me questionnant sur Paris, sur notre littérature, heureux de manier cette belle langue française qu'il avait si peu d'occasion de tirer de son fourreau.

Vif, impétueux, presque fébrile, Van der Boëcken n'avait certes pas l'allure pédante d'un commentateur d'Érasme; il sursautait, ne tenait pas en place, et je dus, sans crier grâce, parcourir à sa suite toutes les galeries de la Bibliothèque de Rotterdam.

Il m'installait dans les coins les plus lumineux, allant quérir lui-même, pour me les apporter, les éditions curieuses et rares de Gronovius, de Juste-Lipse, de Vossius, de Heinsius, m'exaltant les chroniques rimées de Nicolas Kolyn, les œuvres de Molis Stoke, les *Sprekers* des romans héroïques et chevaleresques. Il maniait ces lourds bouquins en peau de truie, bardés de fer, de clous et d'agrafes, avec une aisance de géant, ouvrant les antiphonaires sur ses bras comme sur un pupitre sculpté, et je restais abasourdi par cette surcharge de bibliographie néerlandaise que je n'avais point le temps de classer sur la frêle étagère de ma mémoire.

Il était dit que je n'avais point fini ; nous fîmes une dernière station sur un palier d'antique escalier-galerie, et là, secouant sa barbe de prophète, l'impétueux bibliothécaire m'annonça une incursion dans le domaine lyrique, didactique et dramatique des xvi⁰ et xvii⁰ siècles. Ce fut alors une dégringolade de livres qui s'écroulèrent sur mon crâne, et je

râlais avec la note d'une admiration forcée, à bout d'adjectifs et de qualificatifs pour répondre à son ruissellement d'enthousiasme.

Je dus subir vaillamment cependant l'inspection des plus beaux livres à vignettes de Van Cats, le poète néerlandais, dit le La Fontaine des Pays-Bas, je supportai sans trop de fatigues la vue des œuvres de Marnix, de Koster, de Van der Vondel, de Huygens et de Bilderdijk, mais je ne pus dissimuler l'abandon de mon courage et l'atonie de ma voix devant les in-4⁰ et les in-8⁰ qui contenaient la poésie fleurie des Spiegel, des Rœmer Visscher, et les *Woodenboëk* de Weiland et de Meursius.

Le cher archiviste eut la délicatesse de ne point m'accabler davantage ; il tira sa montre, et d'une voix gaie, marquant l'heure de la récréation : — « Assez de bouquins et de poussière ! cria-t-il, allons promener en ville, si vous le voulez bien. »

III

Nous nous dirigeâmes vers le Jardin zoologique. — Van der Boëcken était un guide étonnant par la variété de ses connaissances et la joyeuse humeur qu'il apportait dans ses dissertations historiques et municipales. Avec sa longue barbe flave, sa haute stature, sa large houppelande, son geste ample et harmonieux, il me donnait la sensation d'un superbe portrait d'Hemling ou de Porbus rentoilé et modernisé par un disciple du père Ingres. — Son œil étrange de turquoise morte avait de subites phosphorescences sous le sillage des impressions qui y passaient, et ses mains fines, amenuisées, un peu spectrales, se dressaient souvent démoniaquement en travers de mon rayon visuel.

Il m'arrêta tout à coup en face d'une cage où six loups, las de tourner sur eux-mêmes, s'étaient accroupis vaincus par l'énervante monotonie de leur régulier exercice.

« Vous permettez, me dit-il avec une grande simplicité, presque avec bonhomie, en glissant sa canne sous son bras et se rejetant en arrière ; je veux juger sur ces bêtes de l'état de mon fluide magnétique ; il y a quelque temps que cela ne m'est arrivé... et vous savez... le *critérium !* »

Déjà les loups s'étaient relevés, la queue entre les jambes, inquiets comme un bétail à l'approche de l'orage, et lui s'était rapproché ; il leur plongeait ses yeux dans les yeux, les rassemblant sous son regard avec autant d'aisance que s'il eût possédé un fouet de dompteur sous la main. Les malheureux cerviers hurlaient en mineur comme aux jours des Lupercales ; ils se flâtraient, puis se redressaient, essayant de fuir ces deux yeux impitoyables qui les clouaient comme des épieux ; ils couraient éperdus dans l'étendue de leur cage, mais le regard polaire de l'archiviste courait prestement avec eux, fixe, volontaire, chargé d'une force inexplicable ; il parvint enfin à réunir les six malheureux dans un angle de la cage, et là, domptés, acculés, enchaînés par une puissance occulte, ils ne bougèrent plus ; je les vis un à un baisser la tête, papilloter de la paupière, puis, immobiles, dormir avec une attitude résignée, peureuse et lamentable de chiens battus à la niche.

« Un peu trop long, soupira Van der Boëcken avec tristesse, en se retournant vers moi ; j'ai tort de me négliger, voyez-vous ! Le fluide est comme le muscle, il faut journellement et sans trêve le travailler. »

Et nous poursuivîmes notre promenade zoologique.

Comme je demeurais singulièrement curieux de renseignements sur ce pouvoir fascinateur et que mon silence était gros de questions, le praticien des théories de Deleuze et de l'abbé Faria vint de lui-même au-devant d'un interrogatoire.

« J'ai toujours, mon cher ami, commença-t-il, été frappé — dès la pension — du trouble hypnotique occasionné par la fixité de mon regard. A quinze ans, au collège, lorsque j'étais surpris en faute, je parvenais sûrement à endormir mes juges-professeurs, et mes petits condisciples me nommaient *le Diable lanceur de sable,* car à peine les avais-je regardés

avec attention qu'ils commençaient à sentir sous leur paupière rouler la poudre aveuglante du sommeil. — Je prenais plaisir, je l'avoue, à cultiver ces dons surnaturels de ma pupille phosphorée, comprenant toute la puissance suggestive que je pourrais tirer de cette domination par l'œil uni à la volonté.

« Je ne vous dirai point toutes les bonnes fortunes de ma vingtième année, toutes les passades obtenues par mes passes magnétiques, les éréthismes ou hyperesthésies amoureuses, le don-juanisme féroce de ma fascination. Pendant huit années environ, je vécus d'Anvers à Amsterdam avec la fougue d'un Casanova doublé d'un Cagliostro, considéré comme un homme fatal, comme un débauché funeste qui portait un philtre d'amour dans la flamme claire de ses œillades ; puis enfin, le temps aidant, je m'assagis et me mariai au détour de la trentaine ; aujourd'hui je ne provoque plus guère l'assoupissement que chez moi, dans mon milieu conjugal, le soir, sous la lampe, lorsque ma femme et ma belle-mère se lancent des regards inquiets sur les causes d'une de mes sorties nocturnes. Alors, par esprit de conciliation et en horreur des scènes inutiles et contraires aux bonnes fonctions digestives, je les anéantis très provisoirement d'ailleurs d'une

œillade et vais errer le long des canaux où la lune, admirable hypnobate, mire dans les frissons de l'onde sa face anesthésiée.

— Mais, hasardai-je, en dehors de la femme et des fauves, quel pouvoir précieux serait le vôtre pour la conquête du bouquin convoité, pour l'édition rare, alors qu'il s'agit d'atténuer le lucre d'un libraire d'occasion ou de paralyser les surenchères dans les ventes publiques !

— Ah ! bon ami, clama-t-il, croyez bien que je ne manque point ces superbes aubaines. Je connais aussi bien ici qu'à La Haye, à Utrecht, à

Leyde, à Harlem, à Amsterdam, les moindres antiquaires dissimulés dans les vieilles ruelles, et j'y vais fréquemment faire la chasse aux Elzévirs et aux Plantin. J'arrive doucereusement à l'antre du bouquiniste. Je flaire l'oiseau rare, je le déniche, je m'enquiers du prix, et, fixant silencieusement, couchant en joue pour ainsi dire le boutiquier tremblant et affaissé, je prononce lentement mon prix à moi comme une sentence définitive et menaçante. L'homme se trouble, je m'approche sans mot dire ; déjà ses yeux clignotent, sa bouche se plisse dans une contraction comateuse ; il n'essaye point de lutter, il consent comme si je lui demandais, armes en main, comme un roi des montagnes, la bourse ou la vie. »

Puis, comme je souriais un peu cyniquement :

« Dans les ventes, allez, c'est bien autre chose, continua, en se cambrant comme un général en retraite, le terrible Van der Boëcken ; tout ce que je convoite est à moi ; je sais l'art d'envelopper d'une œillade courbe et réfrigérante l'expert et le crieur ; la voix de celui-ci s'effondre à mon moindre geste ponctué d'un regard autoritaire, et il faut voir la façon dont le commissaire de la vente laisse, dans les prix bas, retomber son marteau d'ébène quand je le vrille de ma tirebouchonnante fluidité. — Il ne lui reste plus qu'un petit filet de voix pour le mot *adjugé*, et ils ne se doutent point, les pauvres gens, que leur malaise provient de moi seul; ils se cherchent, ils se tâtent et se croient étourdis par un flux de sang subit à la cervelle. »

Mais l'archiviste-fascinateur s'était arrêté. Devant nous, dans une  large cage, un tigre royal, superbe et digne de faire bondir le cœur d'un rajah, se promenait félinement en traître de mélodrame, l'œil fuyant, les crins moustachus hérissés, l'échine souple et la gueule mauvaise.

« Ah! ah! proféra mon homme avec joie, essayons de réduire ce capitan à l'immobilité. » —... Et aussitôt, tout en fixant la bête fugace, il lui parlait doucement en hollandais; on sentait à sa voix caressante qu'il prodiguait mille petites douceurs à ce roi des jungles, qu'il l'accablait d'hommages, de diminutifs, de gentillesses, qu'il faisait appel à sa bonne volonté pour se laisser dompter. Mais le tigre exaspéré s'était ramassé prêt à bondir, rugissant et fronçant les plis de sa face comme pour la bataille. — Van der Boëcken ne bougeait plus, il avait commencé le tête-à-tête, yeux à yeux, prunelle à prunelle; l'exilé de Bengale esquivait ce regard d'acier qui le poursuivait sans merci à droite, à gauche, en dessus, en dessous, toujours plus aigu, plus fulgurant, plus effroyable; il battait ses flancs de sa queue et s'était remis à arpenter le plancher de la cage avec son allure molle, sourde, et nerveuse à la fois; mais le visage barbu de mon nouvel ami allait, venait le long des barreaux avec une prestesse sans égale, l'œil agrafé à l'œil du tigre qui, soudain, à bout de résistance, tourna trois fois sur lui-même et s'abattit, sans bruit, dans un ronronnement de chat-géant, les paupières closes, hypnotisé.

Avec les lions le spectacle se renouvela; avec les perroquets il fit des colloques en langue érasmienne. De tous côtés, il se prodigua bizarrement à mon étonnement; mais ma stupéfaction tourna à la stupeur devant certain palais de fer qui renfermait deux immenses ours blancs.

« Voici les deux plus beaux ours du pôle qui soient encore parvenus dans un jardin zoologique, me dit-il avec calme. A Paris, vous ignorez absolument ce que sont les ours blancs; ceux que vous voyez ici ont, lorsqu'ils sont debout, près de trois mètres, et vous allez en juger, — car c'est un couple, — si vous voulez me permettre de les inciter à l'acte d'amour, ainsi qu'il convient à leur robe virginale. »

LE BIBLIOTHÉCAIRE HYPNOTISEUR
Eau-forte d'Albert Robida

Presque en même temps, à l'aide d'un jargon violemment guttural qui était tour à tour puérilement traînard et brièvement impératif, les deux ours soulevèrent leurs masses colossales et se dressèrent, épaule contre épaule, gueule à gueule, se mordant cruellement, tombant à terre et se redressant sous les commandements du grand-prêtre qui présidait à leurs ébats. J'assistai ainsi dans tous les détails et dans toutes les phases, grâce au bibliographe de Scaliger, à un puissant charnel congrès d'ours qui eût mis Berne en fête pour le plus grand scandale des chastes calvinistes.

. . . .
. . . .

Pendant les quelques heures que je demeurai encore à Rotterdam, Van der Boëcken se révéla à moi sous les côtés les plus bizarres du monde. Non seulement rien ne lui était inconnu, mais il semblait encore avoir la prescience et la divination de toutes choses ; il lisait dans ma pensée, comme il eût fouillé dans mes poches.

Dans la soirée, ce digne patriarche daigna m'accompagner jusqu'à une heure très avancée de la nuit dans tous les *musicos* les plus mal famés des vieux quartiers, mettant un plaisir juvénile à compromettre sa barbe vénérable dans ces paradis terrestres pour matelots, et, dans ces milieux pleins d'appas en cascades et de chants internationaux, je le vis pour mon seul esbattement suggérer mille incroyables folies à ces *Dictériades* de bas-fonds, des folies capables de faire pâlir l'ombre du pornographe Restif de La Bretonne et d'agiter la cendre cantharidée du divin Marquis.

Après avoir pris congé de lui, je trouvai, non sans saisissement, dans mes poches des paquets de cigares bagués de « *nec plus ultra* », des lettres de présentation pour Amsterdam et Harlem, et aussi une très mignonne édition du *Quinte-Curce* (1696) de Gronovius, dont les vignettes m'avaient ravi au cours de ma visite bouquinière à sa bibliothèque privée. — Je ne sus jamais comment cet éminent prestidigitateur *Put-Pocket* avait pu, sans éveiller mon attention, bonder ainsi les *profondes* de mon pardessus de ses havanes et de son extrait d'érudition néerlandaise.

Le Gronovius figure sur mes rayons parmi mes livres, et je ne puis le prendre encore aujourd'hui sans songer à sa provenance occulte et à son origine presque diabolique.

IV

Je n'aurais point pris la peine de vous conter cette passagère et pittoresque aventure de voyage, mes chers amis, — dis-je en terminant aux hôtes silencieux de Robert de Boisgrieux, — je n'aurais point moi-même, pour curieuse qu'elle soit, attaché la moindre importance si, tout récemment encore, le pauvre bibliothécaire *Rotterdamien* n'était venu me donner l'émotion de sa mort dans des circonstances assez inquiétantes, vous en conviendrez.

A la suite de notre entrevue zoologique et un peu gynécologique, j'échangeai avec Van der Boëcken une correspondance assez

suivie et presque exclusivement littéraire et historique. — Les années passaient sans qu'il me fût loisible de me rendre de nouveau à Rotterdam, selon ma promesse et sans que mon très fervent ami trouvât possibilité de venir à Paris, ainsi qu'il m'en avait fait serment.

Je renonçais presque au plaisir de me retrouver avec cet hétéroclite et indéfinissable personnage, lorsqu'un matin du printemps dernier, il se fit annoncer à moi dans mon logis du quai Voltaire. Je le vis entrer dans mon cabinet un peu vieilli et déplumé, mais droit, sec, avec son œil glauque toujours allumé en fanal. Après les témoignages de cordialité, il m'expliqua qu'il venait à Paris dans un but d'amour pour la France et notre littérature nationale, et surtout dans le désir de constituer une ligue assez puissante pour maintenir la prépondérance de la librairie française en Hollande, actuellement envahie par les imprimés allemands. — Il me lut tout un rapport statistique établissant, avec logique et clarté, l'état précaire de notre librairie dans les principales villes des Pays-Bas, et prouvant avec une triste vérité la prospérité chaque jour grandissante des importations de Stuttgart, de Munich, de Berlin, de Leipzig, de Cologne et de Francfort. Il me démontrait que depuis l'année cruelle, on vendait deux tiers en moins de livres français chez ses compatriotes, et il pensait qu'à cette situation désastreuse il était possible d'opposer un remède efficace avec l'énergie et le dévouement de plusieurs patriotes parisiens décidés à suivre la voie qu'il était en mesure de leur indiquer.

Je me mis avec empressement au service d'une idée aussi juste et noble, et je lui fournis aussitôt des lettres de crédit pour les personnes que je jugeais les mieux en position de nous seconder dans cette véritable guerre des influences intellectuelles de la France contre la Germanie.

Van der Boëcken me quitta avec promesse de m'accorder plusieurs soirées au sortir de ses plus urgentes occupations. — Mais ce fut la

dernière fois que je vis sa tête de Moine des Croisades. — Six jours après cette visite, je recevais de Rotterdam une lettre assez crânement philosophique, dans laquelle l'infortuné archiviste m'annonçait, de son lit, à la fois sa maladie et sa mort.

« Croyez-vous, m'écrivait-il en substance, que j'ai été assez malavisé l'autre matin, en vous quittant, pour rencontrer la camarde dans un vent coulis du quai, et me voici définitivement entraîné dans la grande danse macabre jadis peinte par Holbein à Bâle. — J'ai nettement senti le froid de sa faux dans le dos et n'ai point eu le temps de gagner, d'après vos indications, la bibliothèque de la rue Richelieu. J'ai voulu mourir près de mes livres, dans ce calme berceau d'Érasme; j'ai pris le premier Rapide pour les Flandres, et me voici déposé ici, jaune, grelottant la fièvre, marqué pour la retraite des vaincus de la vie...... J'ai tenu à vous faire en personne poliment mes adieux, car *Samedi prochain*, vers la troisième heure après midi, celui qui fut votre très sympathique Van der Boëcken

sera catalogué à l'état civil de Rotterdam comme ayant accompli sa carrière, et si vous êtes libre et dispos de venir céans et qu'il vous plaise d'étudier sur nature les cérémonies funèbres en Hollande, je serai encore votre guide pour vous montrer de ma boîte de chêne, très *probablement le lundi suivant*, ce que peut être le convoi d'un notable bibliothécaire municipal. — Ne me plaignez point, je pars allègrement, très curieux des au delà de nos sens bornés ; *fata viam inveniunt.* J'ai toujours aimé à suivre le Destin. Ainsi fais-je aujourd'hui dans la noire impasse ou il me conduit. — Adieu, ami, vous êtes jeune, aimez la vie bellement et noblement, pas trop dans les esprits, mais beaucoup dans les cœurs; allez a gauche, c'est le côté des parfums et des femmes. Pensez que plus l'on gagne du côté de l'esprit, plus l'on perd du côté de l'instinct, et la perte ne compense pas le gain. Croyez-le bien. — Songez parfois à votre *belluaire*, comme il vous plaisait tant de m'appeler, après mes enfantillages zoologiques de notre première rencontre. Adieu, adieu encore. Samedi prochain, mes yeux, ces terribles yeux qui firent tant de victimes momentanées, se seront retournés en dedans pour m'endormir moi-même dans la vie éternelle. — *Vale.* »

Pure fumisterie!... ricana de Marconville, en interrompant mon récit dans un éclat de voix incrédule qui secouait le silence général.

Non point fumisterie, mes amis ; à l'heure même qu'il m'avait lui-même désignée, le fantastique bibliothécaire éteignait les inquiétants flambeaux de son âme. — Le lundi suivant, le courrier m'apportait un carton entouré de noir, par lequel la famille me faisait part de cette perte douloureuse, et, comme je suis sceptique comme le diable, je partis très troublé cependant au pays des canaux, je m'enquis de Van der Boëcken; on m'apprit que depuis trois jours il dormait au champ de repos, et je déposai sur sa tombe une énorme couronne de bleuets, de muguets et de roses, une couronne aux trois couleurs françaises, qu'il aimait si vaillamment en dépit des influences tudesques qui alourdissent trop profondément aujourd'hui les horizons de son pays.

« Vous direz ce que vous voudrez, dit l'un de nous, en bâillant, — lorsque j'eus terminé ce récit, — on a beau être cousu sur nerfs et solidement emboîté sur ses gardes, toutes ces histoires-là sont singulièrement *déreliantes*. —Me suivra qui voudra, mais il se fait tard, et je m'en vais faire de l'occultisme en me glissant sous le tabis de mes couvertures. »

Toute la bande de Boisgrieux se dispersa avec bruit le long des longs corridors du château de la Battuc.

Cette nuit-là, je vis en rêve Van der Boëcken, hypnotisant saint Pierre à la porte du paradis et prenant la direction de la grande bibliothèque des âmes angéliques qui papillonnent chez le Très Haut.

UN

ROMAN DE CHEVALERIE

FRANCO-JAPONAIS

Contes pour les bibliophiles

ROMAN DE CHEVALERIE
FRANCO-JAPONAIS

I

Mon cher ami, enchanté de vous rencontrer.
— Comment, vous ici ?
— Mais oui, retour du Japon, train direct! Je suis Européen depuis une huitaine.. »

C'était sur le boulevard, l'autre jour, devant un marchand de tableaux; je venais de me jeter dans les jambes d'un vieil ami que je croyais bien loin. Avocat, docteur en droit, mais érudit et fantaisiste plutôt qu'homme de chicane, mon ami Larribe se consolait d'une obstinée pénurie de causes en plongeant délicieusement au plus profond des poudreux bouquins des bibliothèques, et prenait ainsi avec une douce philosophie son parti de la fameuse maladie, *faulte d'argent*, passée chez lui à l'état chronique, lorsque tout à coup une occasion lui procurait une chaire bien appointée de professeur de droit français à l'Université de... Yeddo !

« Allez, malfaiteur, lui avais-je dit en guise d'adieu, allez corrompre ces braves Japonais, allez leur révéler les codes hérissés et ténébreux, pleins d'embûches pour les naïfs et percés pour les malins de petits sentiers circulant à l'aise entre les dix mille articles broussailleux... Oh ! comme je vous condamnerais à faire hara-kiri dès votre débarquement dans la terre du soleil levant si j'étais le Mikado !

— C'est lui qui m'appelle et me couvre d'or... Au revoir. »

Il était parti, et, pendant six années, je n'avais pas une seule fois entendu parler de lui. — Et je le retrouvais sur le boulevard, allègre et bien portant, un peu bruni seulement pour un ancien rat de bibliothèque.

« Et vous avez, j'espère, rapporté de là-bas, en plus des billets de banque, une riche collection de curiosités et d'objets d'art, bronzes et porcelaines, ivoires et bois sculptés, avec des et cætera nombreux ? Allons voir vos bibelots, n'est-ce pas ? Allons faire l'inventaire de vos caisses ?...

— Pas la moindre collection, mais mieux que cela, me dit mystérieusement Larribe ; j'ai rapporté une thèse à soutenir et un ami... Voici toujours l'ami... »

Il tira par le bras un monsieur qui, pendant notre entretien, était resté penché sur la vitrine du marchand de tableaux. Teint mat, petites moustaches noires, les yeux vifs tirés obliquement vers le haut de l'oreille, le monsieur était un Japonais, mais pas trop Japonais, c'est-à-dire quelque peu différent des petits hommes jaunes, aux allures presque simiesques dans leur veston européen, des bazars japonais de nos grandes villes. Celui-ci était plus grand et plus taillé selon nos idées, il parlait français sans trop d'accent, et me serra cordialement la main pendant que Larribe faisait d'un ton cérémonieux les présentations :

« Monsieur Ogata Ritzou, fils d'un daimio de la province de Ksiou, de l'une des grandes maisons féodales du Japon, et, — contenez votre étonnement, — dernier descendant de nos fameux sires de Coucy... »

Pendant que je riais malgré moi, Larribe continua imperturbablement :

« ...Mon ami et mon élève, avocat au barreau de Nangasaki !... Êtes-vous remis de votre ébahissement ? Oui... mon Dieu oui, deux races puissantes et batailleuses, de leurs deux nobles sangs confondus, ont produit ce petit chicanous exotique ; voici le descendant des princes de

Fokio en Nippon et des seigneurs de Coucy en France armé pour la bataille à coups de pandectes, institutes et codes civils ! Noblesse d'épée et de sabre à deux mains devenue de robe ! Que voulez-vous, le malheur des temps, la révolution césarienne là-bas, la vieille féodalité vaincue par le Mikado !

« Mais ne disons pas de mal du Mikado, qui me payait de superbes appointements !... Voici donc mon ami franco-japonais ; quant à ma thèse, elle tourne autour dudit ami et vous en aurez l'étrenne, si vous voulez venir de ce pas dîner avec nous, et, le café pris, passer dans notre chambre pour nous prêter une oreille attentive d'abord, et ensuite examiner avec impartialité les nombreuses pièces justificatives apportées du doux et invraisemblable pays ou, sous la neige rose des fleurs tombant des arbres, les gentilles mousmées prennent le thé dans leurs minuscules tasses de porcelaine.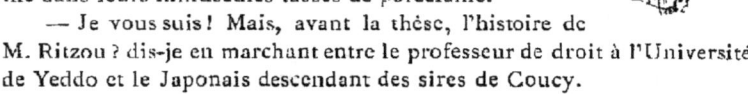

— Je vous suis ! Mais, avant la thèse, l'histoire de M. Ritzou ? dis-je en marchant entre le professeur de droit à l'Université de Yeddo et le Japonais descendant des sires de Coucy.

— C'est bien simple, dit le Japonais, vous allez voir...

— Non pas ! interrompit M⁰ Larribe, l'histoire de mon élève et ami Ogata Ritzou de Coucy, appuyée des papiers et albums de famille que nous sommes prêts à fournir, c'est le complément de ma thèse, c'est la preuve triomphante, le coup de massue aux contradicteurs qui se présenteront ; elle doit donc logiquement venir après...

— Cependant, reprit le Japonais, je tiens à établir tout de suite devant monsieur que je ne suis pas un...

— Dites le mot, — je vous ai qualifié ainsi moi-même au début de notre connaissance, mais j'ai fait amende honorable...
— un blagueur, c'est du bon français ; vos aïeux français du xiv⁰ siècle ne connaissaient pas le mot, car ils n'avaient pas de journalistes et n'appréciaient pas suffisamment les historiens !... Nous établirons ceci tout à l'heure, impétueux Coucy d'extrême Orient ! Tenez, je commence ma thèse tout en marchant... Mon cher ami, voici la chose : l'art japonais n'est pas du tout ce qu'érudits, artistes et critiques égarés pensent, un produit purement asiatique, une fleur éclose toute seule au pied du Fousihama, un art sorti du sol, à peine influencé par quelques idées chinoises... Non ! l'art du Japon est le fils — naturel — de l'art gothique français du xiv⁰ siècle !

— Vraiment!

— Six années passées au Japon, six années d'études sérieuses, obstinées, pénétrantes, si j'ose dire, six années de fouilles, de comparaisons, de découvertes, m'ont conduit, d'inductions en évidences, à proclamer cette grande vérité : l'art du Japon, celui des peintres surtout, — et vous allez comprendre tout à l'heure comment, — descend en droite ligne de votre art français du moyen âge; c'est un rameau transplanté sur un sol lointain, très différent du sol natal, un rameau égaré qui a poussé superbement et qui, nourri de façon différente, a produit des fruits différents, mais aussi magnifiques, aussi savoureux que ceux de l'arbre paternel lui-même! Vous pensiez qu'entre l'Europe du moyen âge et l'Empire du soleil levant, séparés par tant de terres et d'eaux, nulle relation n'avait été possible? Erreur! La vieille Europe a connu le Japon, vaguement c'est vrai, mais elle l'a connu, et, même avant l'arrivée des aventuriers portugais du xvie siècle, le Japon a connu l'Europe. On oublie trop la grande ambassade japonaise qui visita Lisbonne, Madrid et Rome en 1584 et que les troubles de la Ligue empêchèrent de venir à Paris. Est-ce que le Japon aurait songé à envoyer une ambassade en Europe si le monde occidental ne lui avait pas été déjà révélé? Le spectacle peu édifiant et peu rassurant offert par l'Europe à cette époque arrêta les sympathies, et le Japon éleva contre nous et nos idées la barrière qui le protégea jusqu'en 1868 et qu'il se repentira sans doute d'avoir imprudemment supprimée juste au moment où l'Europe présente un spectacle encore moins édifiant et moins rassurant que du temps de Philippe II... Mais pas de politique! Donc, premier point, des relations peu suivies, et tout accidentelles, il est vrai, ont existé entre l'ancienne Europe et le Japon. Deuxième point, des Européens ont porté l'art européen, — français, comme vous le verrez tout à l'heure, — aux Japonais du xve siècle. Ce deuxième point sera établi par moi aussi indiscutablement que le premier. Pour le moment, je m'appuierai seulement, pour arriver à glisser un commencement de persuasion dans votre esprit, sur les analogies évidentes qui existent entre les œuvres d'art des deux pays...

— Oh! oh!

— Attendez, particulièrement dans la peinture et le dessin. Pour les autres arts, les liens de parenté sont moindres pour des raisons que vous comprendrez tout à l'heure, et s'ils n'en existent pas moins, plus vagues et plus faibles, je ne puis cependant vous les faire toucher du doigt: on ne peut importer en Europe les grands temples accrochés au flanc des montagnes sous les cèdres centenaires... La sculpture et l'architecture obéissent là-bas à d'autres lois et répondent à d'autres idées que chez nous, et pourtant il y a tels détails d'architecture, tel encorbellement, tel linteau, tel arbalétrier ou poinçon, telles moulures et tels chanfreins de poutres qui rappellent les membrures ou les dispositions décoratives de nos grandes salles ogivales... Ces analogies, noyées sous une fantastique efflorescence de détails purement japonais, n'apparaissent qu'aux yeux chercheurs et fouilleurs. Pour le dessin et la peinture, on peut rapprocher plus facilement les points de comparaison. Allez voir au musée

UN ROMAN FRANCO-JAPONAIS

de Cluny les tapisseries de la dame de la Licorne, du pur xv⁰ siècle français, et considérez ensuite telles images japonaises de la bonne époque, et vous conclurez avec moi que c'est le même art large et franc, les mêmes contours un peu raides et les mêmes teintes plates étalées sans grand modelé ; feuilletez les vieux albums japonais, et rappelez-vous nos manuscrits enluminés, nos premiers essais de gravure sur bois et nos premiers livres imprimés, eh bien, les anciens artistes japonais eurent évidemment sous les yeux des manuscrits enluminés de notre moyen âge; leurs premiers maîtres furent peut-être des Chinois, mais les seconds, ceux qui déterminèrent la brusque éclosion d'un art plus sain et plus libre, dégagé des formes vieillottes et falottes de l'art chinois, furent tout simplement de braves enlumineurs ou ymaigiers des Gaules... Paradoxe, dites-vous? Plaît-il? Supposition amusante, mais dépourvue de tout étai raisonnable ? Vous verrez tout à l'heure ! Même si je n'avais pas mes preuves...

— Authentiques, dit à ce moment M. Ogata Ritzou, archives de ma maison...

— Aussi indiscutables que les chartes de nos archives nationales ! Même sans ces preuves victorieuses, je pourrais soutenir la discussion ; il me suffirait d'étaler en ordre chronologique une suite d'albums japonais, partant des paysages d'Hiroschigué, des caricatures de Hokkeï, des étincelantes, étourdissantes et bien japonaises conceptions de l'illustre Houkousaï, — un génie universel, celui-là, un géant qui peut crânement se placer dans le panthéon de l'art à côté des plus grands artistes européens de tous les temps, — et remontant par les productions d'Yosaï, Outamaro, Shiounsho, Soukenobou, Motonobou, aux plus anciens livres, puis aux plus anciens albums connus, pour dégager peu à peu les traces de la filiation et retrouver le point de départ

sous les capricieuses et poétiques étrangetés de la fantaisie ou, si vous voulez, de l'esthétique japonaise. Donc, au Japon, l'art part du même point que chez nous, mais, prenant un chemin différent, arrive à des résultats différents...

— Chez nous, pas de formule ni de règle, ou plutôt une seule : interprétation de la nature avec toute liberté dans les moyens, interrompit Ogata Ritzou; nous suivions la bonne route...

— Heureusement pour vous, elle ne passait point par Rome, reprit Mᵉ Larribe. Mais reprenons notre discussion. Avez-vous déjà médité, mon ami, devant des armures japonaises, non pas des armures de paco-

tille apportées par des commis voyageurs, mais devant de belles armures
un peu âgées? Est-ce que ces vieux harnais de guerre des chevaliers du
Japon féodal n'ont point évoqué dans votre esprit l'image des bons-
hommes de fer de notre moyen âge, des braves gens d'armes dont les
dures carapaces, meurtries, bosselées ou trouées, vides maintenant

des cœurs vaillants et des poitrines solides de jadis,
remplissent nos Armerias nationales ou particulières? La ressemblance des unes et des autres m'a
frappé pourtant. C'est le même équipement offensif
et défensif, les mêmes armes, la même façon de
défendre le corps... Le casque à couvre-nuque de
l'homme de guerre japonais, c'est notre vieux
heaume, couronné là-bas comme chez nous de
cimiers, de figures héraldiques plus ou moins
étranges; nos cottes d'armes, hauberts ou cuirasses se retrouvent de
même; l'armure commune à petites tassettes du Japon, c'est le vieux
gambison de nos soudards arrangé au goût japonais. Les spallières ou
les garde-bras sont devenues ces grandes plaques qui protègent les épaules,
en un mot toutes les pièces de l'armure française se retrouvent presque
identiques dans l'armure japonaise. Il en est de même pour l'armure des
femmes : les belles robes d'étoffe brochée couvertes d'un semis de fleurs
éclatantes ou de motifs d'ornement
de la plus exquise fantaisie me rappellent absolument les robes des
nobles dames des cours de France ou
de Bourgogne telles que nous les
voyons dans les livres ou sur les tapisseries, les bliauts ou surcots des châ-
telaines, les péliçons dont les manches
sont exactement coupées comme
celles des robes japonaises. Mais revenons aux hommes. Sans entrer dans
le détail de l'organisation féodale,
des fiefs, des suzerainetés et vassa-

lités, du ban et de l'arrière-ban organisés dans chaque terre, dites-moi si
les pennons des chevaliers japonais, les bannières flottant au vent derrière les seigneurs, les emblèmes blasonnant les écus, les armoiries
adoptées par chaque famille vous semblent très asiatiques? Et les grands
sentiments chevaleresques du pays du soleil levant, l'extrême bravoure et
l'esprit de sacrifice, la fidélité au suzerain, à la parole donnée, la loyauté
à l'européenne des daïmios, des officiers, des yakounines, trouvez-vous
cela chez les Chinois ou les Mongols, par hasard? Sans prétendre que
ces grands sentiments soient tout à fait d'importation européenne, j'ima-

gine que les relations entre les Français du moyen âge et le Japon, — relations dont je vais fournir la preuve, — n'y ont pas nui... Ah! ah! vous ne soulevez pas d'objections?

— Je reconnais que votre raisonnement ne me semble plus aussi paradoxal que tout à l'heure...

— J'ai une base, une base solide, parbleu! Vous allez être écrasé tout à fait bientôt. »

II

Après un dîner pendant lequel l'intarissable Larribe n'avait cessé de discourir verveusement, passant de pures considérations artistiques à un véritable cours

d'histoire du Japon, de l'étude des différentes écoles de peinture au récit des guerres civiles d'avant le grand Shiogoun Yoritomo, nous étions montés dans la chambre de Mᵉ Ogata Ritzou, avocat au barreau de Yeddo.

Ritzou ouvrant une valise de cuir bordée de cuivre, d'apparence solide, mais sans rien de japonais, en vida respectueusement le contenu sur la table, rangeant en ordre de vieux livres japonais, des albums un peu effilochés, des rouleaux de parchemins d'Europe avec de larges sceaux de cire craquelée, des livres vénérables ressemblant à des missels gothiques un peu fatigués, dont les reliures de peau étaient zébrées de signes ou de cachets japonais, et différents objets parmi lesquels une aumônière blasonnée et une croix d'or.

« Voilà, dit M⁺ Larribe, les archives de la maison de Fokio, jadis si florissante et dominant de son castel plus de quarante lieues de montagnes et de plaines,

de rivages et d'îles dans la province de Ksiou... — presque Coucy, — mais ne nous attendrissons pas et passons aux preuves qui vont justifier mes théories... Ritzou, préparez vos papiers, moi je parle !... En l'an de grâce 1395, le croissant menaçant la croix, les hordes ottomanes du victorieux sultan Bajazet lancées sur les provinces du Danube, menaçant de destruction toute la chrétienté, un grand nombre de chevaliers français, et des plus illustres, reprirent la tradition des croisades et marchèrent au secours de Sigismond de Hongrie. Vous savez comment, sur le champ de carnage de Nicopolis, périt toute cette vaillante chevauchée. Sous des tas de cadavres, sous les armures écrasées vomissant de larges ruisseaux rouges, les Turcs recueillirent quelques blessés bons à

UN ROMAN FRANCO-JAPONAIS

rançonner; le sire Enguerrand VII de Coucy, un rude batailleur de cinquante-cinq ans, était du nombre. Conduit à Brousse en Bithynie, il guérit lentement ses blessures en attendant les sacs d'or de sa rançon; ces sacs arrivés, Enguerrand de Coucy se préparait à regagner la France, lorsque la fantaisie lui vint de faire, avant de rentrer, un pèlerinage aux Lieux-Saints. Muni de firmans des pachas, Enguerrand, avec quelques chevaliers ou soldats échappés comme lui au désastre de Nicopolis, s'embarqua pour Saint-Jean-d'Acre. Des aventures ou des hasards de navigation jetèrent la petite troupe sur la côte d'Égypte. Ne pouvant voir Jérusalem, Enguerrand de Coucy voulut au moins gravir les pentes sacrées du mont Sinaï qu'il croyait tout proche. Traité d'abord avec courtoisie par le pacha d'Égypte, le très peu commode Enguerrand se brouilla sans doute avec lui, car un beau jour, sur une plage brûlée de la mer Rouge, la petite troupe chrétienne fut brusquement attaquée et, sous les flèches, sous les coups de sabre des assaillants, n'eut que la ressource de se jeter dans une felouque arabe en forçant l'équipage à pousser au large. La situation n'était pas belle. Par bonheur on avait recueilli en Égypte quelques matelots provençaux enlevés par la piraterie, et le chapelain d'Enguerrand, natif des environs de Dieppe, n'était pas dépourvu de connaissances géographiques. La felouque, fuyant les terres inhospitalières, poussa droit vers le sud. L'imperturbable Enguerrand avait l'intention de faire le tour de l'Afrique, qu'il n'imaginait pas si formidablement grande; mais, abandonnée par son équipage arabe, perdue dans les immensités, la felouque ne sut bientôt plus de quel côté tourner sa proue. Elle toucha des contrées étranges, presque fantastiques pour des Européens d'alors, se procura des vivres comme elle put, reprit la mer, traversa des détroits, doubla des pointes, dansa sur bien des mers au souffle embrasé des tempêtes. Des flots, toujours des flots, des terres et toujours des terres inconnues, et jamais la terre de France tant espérée. Enfin, épuisée, abîmée, disjointe, n'ayant plus de voiles ni de vivres, la felouque aborda un sol riant et fleuri, peuplé de gens surpris, mais non agressifs. C'était le Japon. Des bannières flottant sur des castels, des enceintes fortifiées, des princes et des chevaliers, des gens d'armes par les champs, Enguerrand dut être assez bien impressionné par le Japon d'alors qui lui rappelait sa vieille France...

— Parfait, mais tous ces détails, d'où les tenez-vous?

— Notre histoire à nous suit Enguerrand de Coucy jusqu'à Nicopolis. Comme il ne revit jamais la France, on le crut mort captif en Bithynie. Tout ce que je vous ai raconté à partir de Nicopolis, je l'ai puisé dans les papiers de famille de mon ami Ritzou...

— Les voici, dit Ritzou étalant sur la table une liasse de vieux parchemins mêlés à des papiers japonais, les uns et les autres couverts de vieilles écritures gothiques à fioritures, à paraphes et lettres ornementales et voici, pour en attester l'authenticité, le seing d'Enguerrand de Coucy que nous avons pu comparer aux mêmes seings apposés au bas de chartes conservées à Laon et à Paris... Le sceau lui-même est resté dans notre famille et je puis vous le montrer...

— Jetez un coup d'œil sur ces parchemins, reprit Larribe, vous déchiffrerez à votre aise tout à l'heure; voyez seulement le début :

« Moi, Estienne Le Blanc, clerc du diocèse de Laon, notaire et chapelain du haut et puissant seigneur Enguerrand, sire de Coucy en France au delà des mers et de Fioko en Nippon, vouant humblement mon âme à madame la Vierge et à tous les saints pour me soutenir en pays infidèles, j'ai sur le commandement de Monseigneur escript ce qui cy-après vient pour ce que n'en ignore la descendance que Dieu voulut bien accorder audict sire Enguerrand au loing de terres et châteaux de ses pères, dans son second mariage avec noble dame Assaga, très honorée fille de monseigneur Ogata, grand et redouté prince en Nippon... »

... Et je reprends la suite du roman d'Enguerrand. En débarquant au Japon, le sire de Coucy, comme je vous le disais tout à l'heure, trouvait un pays assez semblable à la France qu'il avait quittée, une féodalité très forte et très guerroyante, des troubles civils, des guerres de seigneur à seigneur, des révoltes... Il tombait justement avec sa petite troupe de Français encore assez solidement armés, au milieu d'une bagarre. Le seigneur Ogata, nommé tout à l'heure, aux prises avec quelques princes voisins, après une campagne malheureuse, luttait encore devant le castel de ses pères, presque cerné par l'ennemi, à l'entrée d'une presqu'île où ses vassaux s'étaient réfugiés. Enguerrand, reçu avec courtoisie par le seigneur japonais, n'hésita pas à embrasser sa cause, et le jour de la bataille, les ennemis d'Ogata virent avec étonnement se ruer sur eux en avant de tous les autres, un petit escadron serré d'une vingtaine d'hommes aux blanches armures de fer. C'étaient Enguerrand et ses compagnons, aussi bien montés que possible sur des petits chevaux du pays. Les lances d'abord, les épées ensuite et les haches d'armes firent une jolie trouée dans les rangs ennemis, trouée que le seigneur Ogata et ses hommes, profitant de l'effet produit, s'efforcèrent d'élargir. Le castel d'Ogata dégagé de cette façon inespérée, la guerre prit une meilleure tournure. Oyez un peu : l'un des épisodes de cette lutte va vous montrer que la poigne de ce terrible gaillard d'Enguerrand ne se rouilla pas au Japon. Un château dans lequel le seigneur Ogata croyait avoir mis en sûreté ses pécunes et sa fille courait le risque d'être enlevé par les daimios ennemis. Enguerrand, avec ses hommes et quelques archers japonais, cherchait à se jeter dans la place pour soutenir la petite garnison épuisée et donner le temps d'arriver aux milices du daimio Ogata. Arrêté par les enceintes palissadées des assiégeants, Enguerrand parvint à gagner à la faveur de la nuit le sommet des rochers boisés dominant à courte distance la place et le vallon occupés par l'ennemi. Les archers, à coups de flèches, établirent une communication avec le castel, et bientôt un câble solide put être tendu par-dessus les postes ennemis. On fit passer à la garnison des vivres d'abord, puis dans de légers paniers suspendus par des cordelettes glissant sur le câble, quelques hommes se risquèrent, et à la force des poignets se halèrent jusqu'au sommet d'une tour. Enguerrand et ses hommes passèrent les derniers. Ils étaient ainsi suspendus en l'air, en situation difficile et gênés par le poids de leurs armes, lorsqu'une

soudaine rumeur éclata dans le camp ennemi. Tous les postes s'éclairèrent, les flèches sifflèrent autour d'eux, frappant sur les armures, s'enfonçant au défaut des pièces; enfin Enguerrand et ses hommes touchèrent les murailles, il était temps : des archers ennemis escaladaient le rocher pour couper le câble ! Presque tous les hommes d'Enguerrand avaient été touchés, très légèrement par bonheur, mais la place était sauvée. Quelle vengeance deux jours après quand, les enseignes d'Ogata aperçues dans la plaine, Enguerrand, à la tête d'une furieuse sortie, tomba sur le camp ennemi ! Vous verrez tout à l'heure comme cet épisode fameux a excité la verve des poètes et des artistes japonais.

Cependant Enguerrand dut, au bout de quelque temps, reconnaître l'impossibilité de jamais revoir le pays de ses pères et la formidable tour assise sur la colline de Coucy; il se résigna, de même que les compagnons de sa fortune, à rester au Japon. Ogata, plein d'admiration pour ce vaillant allié tombé du ciel, l'adopta pour fils malgré ses onze lustres passés et lui donna sa fille Assaga en mariage. Les archives de la maison de Fioko contiennent un certain nombre de pièces rédigées par M⁰ Estienne le Blanc, chapelain et notaire d'Enguerrand, qui mettent en pleine lumière tous les détails de l'installation définitive d'Enguer-

rand dans le fabuleux Nippon. Le turbulent chevalier qui, depuis l'âge de treize ans, chevauchait et guerroyait un peu partout, qui, pour le plaisir de cogner sur les Turcs, quittait à cinquante-cinq ans son donjon et ses deux filles, semble avoir pris assez vite son parti de la transplantation de sa race sur le sol de l'empire fleuri. D'ailleurs, il ne manqua pas d'occupations : sa femme lui donna trois fils, et les daïmios ses voisins lui firent de nombreuses visites à main armée dans ses terres et châteaux de Fioko, politesses qu'Enguerrand de Coucy ne manqua point de leur rendre.

Examinez ces parchemins de M⁰ Estienne le Blanc ornés de miniatures purement françaises, car le digne clerc, ymaigier habile, paraît avoir employé sa vieillesse à enrichir les archives de son maître d'enluminures illustrant les différents épisodes de sa vie.

Voici deux manuscrits français du xivᵉ siècle, qui nous reviennent après un long séjour dans la chambre aux archives de la maison de Fioko; ce sont deux livres d'heures, l'un assez ordinaire, orné seulement de lettrines coloriées, porte la date de 1388 et le nom d'Estienne le Blanc, moine de Laon; l'autre, aux armes d'Enguerrand VII et beaucoup plus luxueux, comme vous le pouvez voir par ses lettres capitales, par ses bordures et encadrements de page relevés de pourpre et d'or, comporte une quarantaine de miniatures très soignées, en partie de la main du même Estienne le Blanc, ainsi que le révèle une mention de la dernière page :

« Escript et peint pour Monseigneur Enguerrand de Coucy, achevé le XIIIe jour de mars de l'an 1396 par Estienne le Blanc, clerc serviteur de Dieu.

Daigne la Vierge notre dame
Maintenir en garde son âme ! »

Voici maintenant sur le feuillet de garde de ce livre d'heures, toujours de la main d'Estienne le Blanc, les actes de baptême des fils de Coucy et d'Assaga, et dans cette charte relative au castel de Fioko, un portrait de Coucy dans son armure française, avec une vue du castel dans le fond. Voici une autre charte qui accorde des bâtiments à Fioko et quelques privilèges à des armuriers japonais travaillant sous la direction d'un certain Jehan Miron, natif de Laon. Je n'ai pu retrouver malheureusement tous les noms des compagnons de Coucy, mais tournez les feuillets et lisez la page où Estienne le Blanc relate l'enterrement de trois chevaliers tués en défendant un des castels d'Enguerrand :

« Ce jourduy que, par la faulte des adventures souffertes sur les grandes mers océanes, je ne peux justement dater, mais approchant quinzième de janvier 1415, ont été mis en terre messire Odon de Picquigny, natif de Picardie non loing d'Amiens, Messire Raoul Obry, chevalier normand, et Guyot de Brécy, escuyer, noble homme de Picardie, iadis pourvus de biens et honneurs en la terre de France et en dernier tenant en fief de Monseigneur Enguerrand castels et cités en sa terre de Fioko en Nippon... »

Ces feuillets de vieille écriture française, dont le dernier porte la date de 1426, étaient encore indéchiffrables pour mon ami Ogata Ritzou il y a six ans ; il savait par des traditions de famille qu'un de ses ancêtres était venu de la lointaine Europe, mais rien de plus ; il parlait un vague français alors, mais il devint mon élève, nous causâmes jurisprudence et beaux-arts ensemble, et un beau jour le dernier descendant des Coucy-Fioko m'ouvrit ses archives. Ravissement de ma part pour la démonstration que ces paperasses apportaient à mes théories encore vagues ! Étonnement de Ritzou devant mes révélations sur cet ancêtre européen, sur le haut et puissant seigneur qui fut Enguerrand VII de Coucy... Il y avait de quoi, songez-y ! Pour compléter l'étrange histoire, je dois vous apprendre que le père de Ritzou fut, il y a une vingtaine d'années, malgré le sang demi-européen de ses veines, un des daïmios du parti féodal les plus opposés à l'ouverture du Japon aux étrangers, un de ceux qui, amenant aux armées taïkounales le ban et l'arrière-ban de leurs vassaux, comme au moyen âge, combattirent avec le plus d'acharnement dans la grande guerre civile qui aboutit au triomphe du Mikado! Résultat : la vieille féodalité écrasée, les daïmios réduits à l'état de gros propriétaires tout simplement ou de fonctionnaires, le Japon ouvert et transformé... Enfin, ô tristesse! résultat particulier : le dernier descendant des orgueilleux seigneurs de Fioko et de Coucy, devenu juriste et docteur en chicane, obligé par la confiscation de ses biens, par la transformation de son état social, par le bouleversement général des choses, à s'occuper de contentieux commercial, de litiges mesquins, des menues affaires du mercantilisme vulgaire infiltré au Japon moderne! »

Ritzou eut un sourire légèrement piteux.

« Dame, c'est assez dur, continua M⁰ Larribe, d'autant plus qu'à peine débarqués ici, je lui ai fait faire un pèlerinage au château de ses aïeux français, les terribles Coucy de la grosse tour aujourd'hui encore debout, grand cadavre de pierre qui se dresse avec obstination sur une guirlande de tours éventrées, et regarde par les trous de ses brèches les vastes plaines arrachées à sa domination. Il est bien permis à mon ami de marquer quelque mélancolie tout de même et de songer devant les ruines du donjon de ses ancêtres d'ici aux ruines plus récentes, mais plus achevées, du castel de ses ancêtres de là-bas, à Fioko en Nippon... Mais ne nous attendrissons pas, le passé est passé et revenons à notre thèse... Ainsi donc, des Européens sont allés au Japon bien avant les aventuriers portugais, bien avant les Hollandais; ainsi donc, cela est prouvé maintenant par les documents que nous apportons, l'art et l'industrie des Japonais ont pu tirer quelque profit des connaissances spéciales apportées par quelques-uns des compagnons de Coucy, comme Estienne le Blanc ou l'armurier Jehan Miron; les solides armures des chevaliers français ont certainement influencé les fabricants japonais, qui se sont mis à en imiter ou arranger les différentes pièces à l'usage des daïmios.

L'architecture, comme je vous l'ai dit, pouvait moins facilement recevoir des modifications européennes, dans ce pays de Nippon secoué par de fréquents tremblements de terre. Il était interdit au sire de Coucy de songer à édifier quelque chose de comparable à sa grosse tour du Valois; cela était matériellement impossible, et il dut se contenter des légères tours carrées assises sur de larges soubassements de pierre ou sur une croupe de colline. Cependant le castel de Fioko, dont on lui attribuait la construction, dura quatre siècles, et il fallut les canons européens du Mikado pour le renverser en 1868. Le père de Ritzou périt en le défendant; sans l'obstination du farouche daïmio, ce Coucy japonais serait aujourd'hui quelque chose comme préfet de son département, son fils Ritzou n'aurait pas eu besoin d'étudier le droit et nous ignorerions encore ces détails... Passons. Enguerrand apporta-t-il au Japon la science du blason ou les Japonais avaient-ils avant lui le goût des armoiries? Ce point peut être controversé; je crois que la vue de l'aigle éployée des Coucy planant dans les combats des siècles passés, et restée jusqu'en 1868 sur les bannières invaincues des daïmios de Fioko, contribua quelque peu à cette éclosion d'emblèmes et de symboles variés des féodaux japonais.

Pour en revenir aux beaux-arts, les miniatures de M° Estienne le

Blanc ont fait école aussi, et les artistes d'alors, se dégageant de l'imitation chinoise, ont créé le style japonais, si vivant et si spirituel, tourmenté peut-être et asiatique, mais avec quelque chose de mâle que ne possèdent pas les autres styles d'Asie, avec une pointe de gothique aisément reconnaissable.

Placez maintenant ces vénérables albums à côté des manuscrits d'Estienne le Blanc, et voyez la parenté entre les œuvres du miniaturiste français et les plus anciennes aquarelles japonaises. Évidemment les artistes japonais ont travaillé sous la direction du patient enlumineur, ou du moins ont eu sous les yeux ses travaux. Voyez : même perspective conventionnelle, même simplification des contours; ici et là, un modelé sommaire, les ombres à peu près supprimées. Ces principes de nos anciens enlumineurs de manuscrits, des bons du moins, l'art japonais les fera siens, et sous le pinceau de ses artistes, dans le grand épanouissement de l'art embellissant toutes choses là-bas, naîtront les albums merveilleux, les délicates aquarelles, les kakémonos étincelants qui jettent devant nos yeux en fête de si ravissants défilés de femmes, de si fraîches et si vivantes jonchées de fleurs, ou de si délicieux vols d'oiseaux dans des ciels roses de féerie d'extrême Orient.

Voici maintenant tout un lot de livres japonais, albums dessinés par de grands artistes, ou romans populaires consacrés aux aventures merveilleuses du quasi fabuleux seigneur venu des mers lointaines. Artistes et poètes ont à l'envi célébré sa gloire et ses hauts faits ; c'est un de leurs thèmes favoris comme la fameuse histoire des quarante-sept Ronins. Nous avons là, traités par vingt artistes, entre autres épisodes, le secours aérien apporté par Coucy au castel assiégé d'Ogata, la première entrevue de Coucy avec la fille d'Ogata, et les prouesses de la terrible épée de l'étranger dans l'attaque du camp ennemi. Les mêmes faits ont été traités par Estienne le Blanc dans les illustrations de la chronique consacrée aux aventures de son maitre ; après lui, les premiers artistes du Nippon ont encore conservé aux vaillants aven-

turiers une apparence européenne, puis, peu à peu, le type est devenu purement japonais... »

III

« Êtes-vous édifié maintenant? me dit M⁰ Larribe, pendant que M⁰ Ogata Ritzou rangeait soigneusement les livres d'heures de son ancêtre européen, ses chartes, ses albums et papiers de famille.

— Complètement.

— Ai-je suffisamment établi le bien-fondé de ma thèse et les droits de mon ami Ritzou à relever, s'il y prétend, le nom et les armes des Coucy?

— Diable! N'allez-vous pas réclamer aussi le château, entré depuis si longtemps dans le domaine de l'État?

— Non, répondit très sérieusement Ritzou, je n'aime pas les procès, — pour moi du moins, — je ne suis pas venu en Europe pour réclamer le château de mes pères; j'ai des goûts simples, je gagne convenablement ma vie et l'on reviendra peut-être un jour sur la confiscation de mes biens au Japon... Mon véritable but en venant ici avec mon maître et ami Larribe, c'est...

— C'est?

— C'est de trouver un éditeur pour un roman de chevalerie franco-japonais consacré aux aventures de mon aïeul, roman qui paraîtrait en vers japonais à Yokohama et en prose française à Paris, avec une illustration dont je fournirais, vous le savez, facilement les éléments...

— Ne vous sauvez pas, dit Larribe, ce roman-poème est écrit, mais nous ne le lirons pas, vous en connaissez le résumé... Nous vous l'enverrons quand il paraîtra, enveloppé dans ma thèse... J'espère cependant que vous viendrez aux conférences que je me propose de faire sur l'histoire, l'art et les mœurs du Japon?

— Parbleu! Et vous ne retournerez pas au Japon?

— Non, je suis très suffisamment riche, j'ai rapporté de là-bas quelques petites rentes que j'ai l'intention de manger avec...

— Malheureux! avec de folles danseuses?

— Non, avec des bouquinistes! J'ai divorcé avec la jurisprudence. Mon cœur appartient désormais aux beaux-arts et mon âme à la littérature. Je suis un vieux garçon bien sage et bien rangé... Mais, si mon ami Ritzou y consent, j'ai des projets sur lui. Le descendant des Ogata de Fioko et des sires de Coucy, quel parti magnifique et séduisant! Des quartiers de noblesse en Europe et en Asie, de la noblesse à en revendre! Deux superbes collections d'aïeux comme pas une maison princière n'en peut montrer, deux races héroïques résumées en lui, les plus belles pages dans l'histoire de France et dans l'histoire du Japon! S'il y consent, je lui cherche une jolie petite Américaine un peu milliardaire, d'une race toute neuve, mais très dorée comme il y en a tant. Que je la rencontre et, bien vite, en faisant sonner nos titres, étinceler nos couronnes, avancer en deux corps d'armée nos ancêtres sous les bannières aux lions passants et aux aigles éployées des chevaliers de France et de Nippon, nous la séduisons, nous élevons ses millions jusqu'à nous, nous les épousons, et nous relevons le vieil écusson des Coucy !...

Et si l'État ne veut pas nous rendre de bonne grâce le donjon de nos pères, nous le lui achetons, parbleu,... en y mettant le prix, dans un de ces moments, qui ne sont pas rares, ou les fonds sont bas dans le panier percé du budget.

— Amen. Et vive le sire de Fioko-Coucy ! »

LES

ROMANTIQUES INCONNUS

LES ROMANTIQUES INCONNUS

D'AUTANT qu'il m'en souvienne, ce fut au retour d'une excursion de quinzaine en Vénétie que, au milieu du désespérant fouillis de papiers déposés sur ma table en mon absence, je trouvai, pliée en six, sous bande, une large affiche rouge de papier pelure d'oignon, que j'ouvris aussitôt, — Dieu sait pourquoi ! — de préférence à beaucoup d'autres prospectus, et je lus, avec une attention soutenue, sur le corps noir et gras des pataudes bas de casse des imprimeries provinciales, la mention suivante dont j'ai conservé, depuis lors, fort précieusement le texte :

VENTE PUBLIQUE
POUR CAUSE DE DÉCÈS

Le dimanche 27 mai 188... et jours suivants, à une heure et demie du soir, Adjudication de LA BIBLIOTHÈQUE DE FEU M. LÉON BERNARD D'ISGNY, *ancien Lieutenant de Louveterie. — La Dite Bibliothèque composée d'environ Douze Mille volumes rares et curieux, livres anciens et modernes, ouvrages de littérature, d'histoire, de religion, voyages, romans, mémoires, traités de chasse, de fauconnerie, d'équitation ; histoire des provinces, nombreux livres illustrés du* XIX° *siècle, collection précieuse d'écrivains romantiques, etc., etc., dont la vente aura lieu au Château d'Isgny, par Ouville-la-Rivière, à 16 kilomètres de Dieppe. — Notaire, M. Grandcourt, à Varangeville.*

C'était tout, — mais, dans la concision de sa teneur, cette affiche me bouleversait littéralement. — Bernard d'Isgny était mort, sa bibliothèque mise à l'encan, ses Romantiques dispersés !... Cette simple succession de faits logiques appris par cette banale annonce m'ahurissait et j'hésitais à y donner croyance. — J'écrivis donc aussitôt à M° Grandcourt, à Varangeville, qui s'empressa de me confirmer la véracité de ces nouvelles troublantes. Bernard d'Isgny était mort au mois de janvier précédent, ne laissant aucun Testament, et ses héritières indirectes, les demoiselles Bellefeuille de Saint-Aubin-Offranville, avaient décidé la vente à l'amiable du Château et la mise aux enchères de la Bibliothèque.

* *

Le pauvre vieux Lieutenant de Louveterie ! Je ne pouvais me faire à l'idée de cette disparition ! — Je l'avais connu dix ans auparavant sur la petite plage déserte de Quiberville, où il avait campé un petit chalet dominant la mer, sur la falaise de Sainte-Marguerite, aux avant-postes de sa propriété, à six kilomètres de son manoir.

Nous nous étions liés, grace à la solitude de notre villégiature, dans le bercement un peu brutal d'une mer houleuse, à huit cents mètres au large, et tous deux nageant avec force, en dominant la houppée du flot, nous étions revenus au rivage, à travers les courants de la marée montante, bavardant à distance d'une voix forte au milieu du jeu d'escarpolette des hautes vagues.

Aussitôt revêtus, nous avions fait une réaction commune sur le galet, en lançant, dans les arrêts d'une promenade hâtive, des pierres au loin. — C'était un grand quinquagénaire maigre, mais solidement découplé, la chevelure grise en broussaille, la moustache retroussée et la barbiche en pointe, comme un capitan de Velazquez.

La voix était un peu voilée de mélancolie, comme la voix des solitaires plus habituée aux soliloques intimes qu'aux discours animés des conversations, qui sont l'escrime des cordes vocales. Mais cette voix était

douce, nuancée, harmonieuse et séduisante; elle sonnait un ton de franchise loyale qui faisait le bonhomme irrémédiablement sympathique.

Je le revis presque chaque jour à *l'heure du flot,* comme il disait, à cette heure qui est aussi attirante pour les amoureux de la mer que *l'heure de la verte* pour les amants de l'absinthe. Nous devisions jusqu'à la brune sur le galet; sa causerie était brillante, imagée, caustique et très délicatement lettrée. Il semblait muni intellectuellement sur toutes questions qui se présentaient; il aimait à citer ses auteurs, mais en dehors des citations courantes et des textes banaux, avec grâce, sans pédanterie, d'un ton enjoué qui aérait ce que son érudition pouvait avoir de renfermé, de lentement accumulé et d'austère.

Le jour où je lui parlais des attractions toujours renaissantes de la passion bouquinière et du compagnonnage fidèle et fortifiant de nos amis les Livres, son œil s'alluma tout à coup comme un phare tournant :
« Vous les aimez? m'interrogea-t-il, avec un éclat de joie.

— Si je les aime!... lui dis-je, mais je les chéris à l'égal de la Grande Bleue qui nous captive, car ils représentent l'infini de l'entendement humain et l'océan des idées; un océan à la fois soulevé par le vent de la douleur et de la désespérance, caressé par la brise des ambitions morales, un océan berceur dont jamais nous ne nous lassons, car il recèle la houle tumultueuse du génie, l'azur limpide du talent et la petite vague frisée de la fantaisie... Si j'aime les livres!... mais vous-même? »

Pour toute réponse, il me tendit franchement la main à l'anglaise. « Venez demain, dit-il, là-bas, à Isgny; vous verrez mon Océan, l'autre, celui dont vous parlez si bien. Soyez là, à l'heure du déjeuner, nous aurons l'après-midi à nous, pour nous plonger et nager à pleines brasses dans l'infini des pensers élevés. N'y manquez pas. Je vous attends. »

*
* *

Le château d'Isgny m'apparut comme une solide demeure normande, bâtie en silex et en briques, couverte d'ardoises découpées en losange, avec de vastes communs et un vieux parc à hautes futaies relié naturellement à des prairies lointaines. Cette antique gentilhommière bien située, à mi-côte, et arrosée par la rivière la Sane. dont les eaux vives et transparentes miraient le ciel et le feuillage, avait les apparences d'une retraite calme et heureuse qui mettait en appétit d'y vivre et de s'y reposer dans une philosophie digne d'Horace et de Virgile.

L'ancien Lieutenant de Louveterie y avait orné son existence dans un célibat très réfléchi, après avoir donné la première partie de sa vie au tourbillon du monde et à l'intérêt des voyages. Peu de valetaille dans cette solitude, et, pour tout équipage, un cabriolet très Louis-Philippe, encore assez confortable et qu'une vieille jument du Calvados emportait vivement dans la poussière

ROMANTIQUES INCONNUS

(Fac-similé d'une lithographie attribuée à Delacroix)

des routes. — M. Bernard d'Isgny me reçut avec affabilité dans son verdoyant domaine, dont j'eus à visiter l'étendue cadastrale. Après le déjeuner, servi dans une salle toute tapissée de très riantes et très rares faïences de tous styles, de toutes provenances et très ingénieusement disposées sur les dressoirs, les buffets, les crédences anciennes et sur les murailles, l'excellent homme, la mine épanouie, l'œil en gaieté, me mit la main sur l'épaule avec une cordialité émue :

« Et maintenant, dit-il, allons prendre le café dans *la pharmacie des remèdes de l'âme,* comme disait si sagement le Roi Osymandias; passons, si vous le voulez bien, à la Bibliothèque, chez nos grands Amis d'élection; suivez-moi. »

Vignette de Tony Johannot pour
LE PONT DE LA VIE.

Au premier étage du Château, s'ouvrant, par deux larges fenêtres à petites vitres anciennes, sur un délicieux tapis de verdure borné à l'horizon par de blanches futaies d'ypréaux, la Bibliothèque d'Isgny occupait plus de cent vingt mètres carrés de murailles. Les livres reposaient par deux rangs sur de profonds rayons de bois clair, ou chaque volume jouait à l'aise, sans trop de compression ou de mise à l'alignement. On ne sentait pas la bibliothèque de parade, mais l'agencement méthodique et sans prétention du véritable bibliophile abstracteur de quintessences littéraires. La lumière égayante du dehors se répandait également de toutes parts avec la placidité radieuse des intérieurs hollandais. C'était bien le décor rêvé par le philosophe qui se veut retirer du monde, et, dès l'entrée, le charme de cette thébaïde me pénétra si vivement que je ne pus dissimuler mon ravissement au savant châtelain, qui épiait malicieusement mon étonnement mêlé d'envie.

« Bravo ! le nid vous plaît ! cria-t-il avec un éclat de belle humeur. — Voyez-vous, c'est ainsi que j'aime passer en revue mes bataillons d'auteurs aimés, en pleine lumière rustique, dans le miroitement du soleil, sur ces solides rayons qui supportent tant de gloires ! Je n'ai point, comme dans vos petits intérieurs parisiens, des bibliothèques damerettes ou les reliures montrent leurs ors sous des vitrines noyées dans le clair-obscur ; il me semble que tout le jour du ciel, tout l'air de la nature, conviennent mieux à ces brillants écrits où l'âme humaine s'agite, se soulève, chante, pleure ou se met en ironie d'elle-même. La postérité, que nous représentons vis-à-vis de ces livres, c'est déjà le jugement dernier, et le décor me paraît aussi lumineux qu'il convient.

« Permettez-moi de vous guider : Ici, à gauche : *Taïaut ! taïaut !* ce sont les livres de vénerie, de chasse, d'équitation, d'escrime, de fauconnerie; tous les sports des gentilshommes normands, mis en traités et imprimés dans la Province; en avançant un peu, vous arrivez aux vieux poètes des xvie et xviie siècles, des amis qui m'accompagnent

FRONTISPICE LITHOGRAPHIÉ DE LA LYRE DU DIABLE
Poésies infernales.

souvent sous les taillis du parc et qui me laissent désencager leur Muse sans en prendre ombrage, je vous jure; — plus loin, Messieurs du Clergé! Vous reconnaissez les robes mauves de la théologie et des thèses diocésaines. A quelques mètres au delà, la pourpre des cartonnages vous signale l'Histoire et les historiens, ces narrateurs de vérités dramatiques et sanglantes qui, malgré toute la froideur des documents accumulés, apparaissent plus invraisemblables que les légendes les plus imaginaires. Vous vous arrêtez en ce moment devant les philologues et les bibliognostes... J'ai tout Gabriel Peignot et le bon Nodier, l'austère J. Brunet et le ponctuel Quérard ; je vous avouerai que je les ai maintes fois annotés, les ayant surpris en péchés mignons, mais... *errare humanum!* Vous avancez hardiment et vous n'avez point tort, vous faites face, cher Monsieur, aux romanciers et plus particulièrement aux *Romantiques* dont mon catalogue signale plus de 500 ouvrages, parmi lesquels, et c'est là ma fierté, plus de trente publications très curieuses sont totalement inconnues à vos Asselineau et autres *Romanticographes*. »

Vignette des ORGIES D'HÉLIOGABALI

* * *

« Des oubliés, poursuivit-il ; mais notre foisonnante littérature possède, on peut le dire sans paradoxe, presque autant de génies et de talents ignorés ou dédaignés que de grands hommes reconnus ; il s'agit de les découvrir et de ne relever, dans ses recherches, que de son propre jugement. — A l'âge romantique, Hugo le Titan s'est dressé si puissamment et si hautement dans la poussée des lettres, comme un chêne miraculeux, qu'il a englouti dans son ombre portée nombre d'écrivains exquis et vigoureux qui se sont éteints et alanguis loin du soleil de la publicité. »

Durant toute cette après-dinée le vieux Lieutenant de Louveterie s'était montré étourdissant aussi bien comme lettré que comme bibliophile. Il me tirait de ses rayons des exemplaires d'auteurs étranges et obscurs de nom, dont il déclamait largement des pages superbes qu'il semblait avoir apprises de longue date ; il chantait des sonnets sonores, *claironnait* des stances guerrières, susurrait des idylles fraîches de Jeunes-France totalement inconnus, et, bouleversant avec une ardeur fougueuse les étages de sa bibliothèque, il me sortait avec joie des exemplaires frontispicés de bizarres eaux-fortes et de mirifiques lithographies, lançant avec fièvre ce cri du possesseur :

« ... Et celui-là, vous l'ignoriez !... Un superbe Nanteuil et de la bonne époque ! — mais ce n'est rien encore ; regardez ceci : quel truculent

Johannot! il n'est signalé nulle part; je ne veux pas omettre de vous faire également admirer ces fines vignettes de Gigoux, de Louis Boulanger, de Devéria, de Wattier et autres, sur des ouvrages que je crois être le seul à posséder; tous ces exemplaires non rognés, avec couvertures, selon les grands principes conservateurs; ... vous êtes ébloui, renversé, je suppose, et ma Romanticomanie s'exalte devant votre ahurissement, car, possédant tant de volumes inconnus de tous, je m'enorgueillis souvent jusqu'à me croire le Saint Pierre vigilant du Purgatoire Romantique! »

PORTRAIT DE PHILOTHÉE O'NEDDY

De fait, j'étais littéralement aplati, grisé de surprises jusqu'à la fatigue cérébrale et travaillé par ce papillotement de l'œil qui décèle l'engourdissement comateux. Il m'avait fallu inconsciemment venir en pleine campagne normande, dans ce Château perdu dans la verdure, pour reconstituer comme dans un rêve toute une bibliographie romantique d'un ordre très intéressant et d'une illustration suprêmement fantastique! — Car, il n'y avait pas à barguigner ou à discuter : Bernard d'Isgny me mettait en main des ouvrages d'origine incontestable et qui, Dieu sait comment, avaient pu échapper aux investigations de tous les catalographes pour mystérieusement prendre rang dans cette belle bibliothèque de gentilhomme campagnard, laborieux et fureteur.

Lorsque je pris congé de lui, j'étais comme le dormeur éveillé de la légende orientale, très incertain de mes visions, et mon inquiétude d'inconscience ne fit que s'exaspérer par la suite, quand, au contact de mes amis bibliophiles, je percevais l'hilarité qui saluait

Vignette de E. Lami pour
MONSIEUR JOSEPH

le récit de cette visite à des Romantiques inglorieux et ignorés, bien vite taxés d'imaginaires. Plus je citais de titres et plus je glosais sur ces œuvres inapercevables, plus j'étais taxé d'illuminé ou de Gascon fantaisiste. — « Connaissez-vous, me disaient les plus malicieux, un des plus rares de tous, édité à Marseille, chez Marius De Crac, sur la Canebière, sous le titre : *le Château des Merles Blancs ou les Nouveaux Contes*

à dormir debout? » — Je rougissais et rugissais d'indignation de me voir aussi méconnu que les Romantiques du sieur d'Isgny. — C'est pourquoi, lorsque, après dix années de honte bue, je reçus cette affiche de vente publique de la Bibliothèque de l'ex-Lieutenant de Louveterie, récemment décédé, on comprendra que je n'hésitai pas une seconde. Je résolus de pousser la charge au feu des enchères pour la possession et la mise en lumière de ces ouvrages indépendants qui n'avaient point su se laisser immatriculer ni par Pigoreau, ni par Asselineau, ni même par le *Journal officiel de la Librairie*. — *Mystère insondable! Mystère profond comme l'Abîme!* eût clamé Pétrus Borel, le Lycanthrope!

II

Malgré la proximité et la facilité du voyage opéré par un temps radieux, je dois avouer que les amateurs et la librairie parisienne ne me firent guère concurrence le 27 mai 188.. au château d'Isgny. Le notaire, M⁰ Grandcourt, de Varangeville, avait, je pense, maigrement fait sa publicité, car le monde des acquéreurs était clairsemé et plus particulièrement composé de curieux Dieppois et de Bibliophiles rouennais qui se disputèrent, avec un noble acharnement, les traités de Vénerie et les vieilles chroniques normandes portant la marque des anciens imprimeurs de Caen, d'Évreux, de Lisieux et de Rouen.

Sur le terrain littéraire et romantique, je vainquis sans péril et triomphai sans gloire. — Selon l'expression rustique, je réalisai toutes mes convoitises « pour un morceau de pain », et je revins au logis plus fier qu'Artaban, ayant dans ma valise plus de trente volumes extravagants, ruisselants d'inouïsme, ténébreusement inconnus de tous, et que je me fis un plaisir d'inventorier avec un ronronnement de félin satisfait.

J'apportai dès lors une réelle arrogance vis-à-vis de ces mêmes co-Bibliophiles qui m'avaient jadis si vertement raillé sans pitié, et je convoquai le ban et l'arrière-ban des *Amis du XIX⁰*. Tous s'en allèrent confondus, ayant mal au foie, criant vengeance contre les bibliographes et les historiens de la révolution littéraire de 1830. La beauté incomparable des frontispices de Célestin Nanteuil, de Tony Johannot et d'Eugène Lami leur glissa dans la bile l'encre amère de l'envie, et je bus vraiment du lait durant un moment, à la vue de ces damnés de l'Enfer des Bibliofols qui se tordaient devant les couvertures immaculées, les épreuves sur chine et les marges à pleines barbes, sans une tare ni une piqûre dans la pâte du papier ; ils maniaient les exemplaires avec rage, râlant d'une voix rauque qui m'apostrophait : *L'Animal veinard! et non coupé, par-dessus le marché!* — Pendant six mois ce fut une apothéose.

Les libraires de la jeune Bibliophilie *pschuteuse* se succédèrent dans mon cabinet apportant, avec l'espérance de cessions possibles, toutes les séductions et tous les transformismes des Jupiters mythologiques; portefeuilles nourris comme pour une foire aux bestiaux, offres d'échanges, tantalismes d'ouvrages du siècle dernier, dessins originaux. Que sais-je encore ? — J'apprenais que le petit B… agonisait de dépit, que le vieux

K... jaunissait dans l'attente, que le gros M. avait juré de compléter ses Nanteuil par les miens, et je demeurais fier comme Albion et inexpugnable comme elle sur mon îlot d'exemplaires uniques.

Peu à peu cependant l'effervescence se calma, il y eut armistice, et la feinte indifférence des combattants me semble aujourd'hui si pénible, mon abandon de bibliophile si amer après les branle-bas de naguère, que je me suis juré de réveiller de nouveau les hostilités en démasquant très ouvertement ainsi que des batteries mes principales richesses au monde des curieux, en ce moment en pleine accalmie.

De ce sentiment de combativité provient le récit qui précède et le catalogue sommaire que je vais exposer aux yeux allumés des Romanticolâtres. — J'aime assez à tisonner l'envie, à m'éclairer du reflet de ses flammes et à écouter la musique par pétarades de ses étincelles. — En avant donc! Que l'esprit d'Asselineau me seconde! Voici la nomenclature des Romantiques inconnus du château d'Isgny.

Vignette non signée pour
LES LARMES DE L'ATHÉE OU LE RETOUR AU CRUCIFIX

* *

1° *Les Gondoles du cœur ou les Bercements de l'Amour*, poésies, par Joseph d'Ortigues. Paris, Eugène Renduel; 1831. In-8° de vi et 295 p. — Très beau frontispice de Célestin Nanteuil, en double état sur chine; couverture bleu d'eau, avec vignette sur bois représentant une gondole fermée; pour épigraphe, ces vers sur le gondolier :

> Un beau chant, alterné comme une flûte antique,
> S'en vient saisir votre âme et vous enlève aux cieux ;
> Vous pensez que ce chant, cet air mélodieux
> Est le reflet naïf de quelque âme plaintive,
> Qui ne pouvant le jour, dans la ville craintive,
> Épancher à loisir le flot de ses ennuis,
> Par la douceur de l'air et la beauté des nuits
> S'abandonne sans peine à la musique folle,
> Et, la rame à la main, doucement se console.
> A. B.

Exemplaire à toutes marges :

2° *Les Crinières romantiques ou les Lions de Paris*, par Abel Hugo. Paris, Persan; 1823. In-18 de 312 p. Exempl. broché, avec portraits de Nodier, Guiraud, Ancelot, A. Soumet, etc. (de toute fraîcheur).

3° **Tiberge (Abbé)**. — *Un Bal chez la Reine Amélie*, roman, par l'auteur d'*Une Fille de joie*. 2 vol. in-8° (Imprimerie Cassegrain, au Marais). Paris, Dumont; 1831. Superbe frontispice d'Eugène Lami, représentant un bal à la Cour, avec les portraits distincts des membres de la famille royale. Vignette non signée sur le titre. Broché, non coupé.

4° *La Fille d'Ophélie ou le Fantôme d'Elseneur*, par Alphonse Giraud. 1 vol.

in-8° de 418 p., impression gothique. Paris, Eugène Renduel; 1831. — Frontispice de Célestin Nanteuil, le plus beau connu, dont nous donnons la reproduction. Épreuve sur chine volant. Très bel exemplaire avec sa couverture originale. Sur le titre, un château en ruine et ces mots de Shakespeare formant épigraphe : — « Ne soupirez plus, femmes ! ne soupirez plus ! les hommes furent toujours trompeurs, un pied dans la mer, l'autre sur le rivage. Constants en une chose : jamais ! »

5° *Les Tortures de Don Juan ou la Victime des femmes*, contes par Paul Foucher. Paris, G. Barba; 1832. 1 vol. in-8° de iv et 247 p. Frontispice gravé sur

ROMANTIQUES INCONNUS

(Fac-similé d'une eau-forte de Célestin Nanteuil)

bois, non signé. — Sur le titre en épigraphe : *Il n'y eut jamais de séducteurs, toujours des hommes séduits.*

6° *L'Armagnac noire*, légendes de la vieille France, par Ernest Fouinet. In-8°, Paris, Silvestre; 1832. Lithographie de Jehan Parlin. — Sur le titre, cachet de cabinet de lecture. La couverture manque.

7° *La Mansarde du Proscrit ou les Veillées de Montmartre*, par P.-L. Jacob, Bibliophile. 1 vol. in-12. Paris, Delaunay; 1837. Exemplaire relié et rogné. *Ex dono* du Bibliophile Jacob à M. de Salvandy.

8° *La Grisette des Lilas*, par Louis Huart. Paris, Abel Ledoux; 1833. 1 vol. in-8°, avec vignettes sur chine, de Boisselat. — Broché dans un étui de percaline. — Exemplaire aussi frais que possible.

9° *La Chasteté des Muses*, poésies par M. de Tercy, auteur de *la Prière du soir*. 1 vol. in-8° de 204 p. Paris, Cabassol; 1839. — Vignette de Camille Rogier, gravée par Cherrier. Couverture rose tendre sans fleuron. Broché, d'une belle conservation.

10° *Le Pont de la Vie*, par le baron de Lesser. Délicieuse vignette de Tony Johannot, gravée par Thompson. 1 vol. in-8°. Paris, Giraudat; 1839. — Roman très curieux et dramatique, dont Bouchardy s'est inspiré pour l'un de ses principaux drames. Relié avec dos en maroquin anglais.

Vignettes de Gigoux pour les SOUTERRAINS DE L'ABBAYE.

11° *La Lyre du Diable*, poésies infernales, par Henri Berthoud, 1 vol. in-8° de 367 p. Paris, Ledrain; 1827. Joli frontispice composé par Pétrus Ringard. Exemplaire intact avec sa couverture rouge et noire. — Nous reproduisons l'étonnant frontispice de Pétrus Ringard.

12° *Les Orgies d'Héliogabale*, contes féroces, par Jules de Saint-Félix. 1 vol. in-8°. Paris, Pelicier; 1828. Ravissante vignette de E. Wattier, formant cul-de-lampe. — Exemplaire cartonné, non rogné.

13° *Le Boucher de Béthune*, roman, par de Saint-Mégrin (?). 2 vol. in-8°. Paris, Busquin-Desessart; 1834. Ouvrage des plus curieux, orné d'un saisissant frontispice d'une rare beauté d'exécution et non signé, mais qu'on pourrait attribuer à Delacroix dans sa première manière. Exemplaire avec sa couverture. — Épigraphe du titre : *Du sang ! du sang ! du sang ! à la brute altérée !*

On trouvera en gravure hors texte la reproduction du frontispice.

14° *Les Cendres de la Passion*, poésies, par Philothée O'Neddy, avec un portrait de l'Auteur de *Feu et flammes*. Paris, imprimerie de Dondey-Dupré ; 1831. 1 vol. in-8° de 398 p., avec une épître dédicatoire au lecteur en forme de rondeau. — Seul portrait connu de Théophile Dondey. Sur le faux titre, ces vers du catéchisme bousingot de Philothée l'hirsute :

Amour, enthousiasme, etude, poesie !
C'est là qu'en votre extase, océan d'ambroisie,
  Se miraient nos âmes de feu !
C'est là que je saurais, fort d'un genie etrange,
Dans la creation d'un bonheur sans melange,
  Être plus artiste que Dieu !!!

RODOMONTADE.

15° *Monsieur Joseph ou la Pudeur alarmée*, par l'auteur de *Madame Putiphar* (Petrus Borel). 2 vol. petit in-8° cavalier. Paris, Eugène Renduel ; 1839. Imprimerie de Terzuolo. Vignettes sur bois de Louis Boulanger. Frontispice d'Eugène Lami, gravé par Porret. — Sur les deux couvertures, l'épigraphe choisie par le Lycanthrope est : *Madame ! Madame ! que faites-vous ?* — Superbe exemplaire sur papier jonquille.

16° *Les Frissons du tombeau ou les Résurrections*, contes funèbres, par Charles de Lourcy. Cherbourg, chez Alcide Lebieu ; 1829. Frontispice non signé, à la manière noire. 1 vol. in-18. État de neuf. Contes très étranges, qui révèlent un réel talent de styliste coloré et vibrant. — Nous reproduisons le frontispice.

17° *Les Larmes de l'Athée ou le Retour au Crucifix*, roman

Vignettes de Gigoux pour le FILS DE CROMWELL.

tumultueux et moral, par M. ***. Paris, Ladvocat ; 1833. 1 vol. in-8° de 338 p. — L'auteur inconnu de cet étonnant torrent d'idées blasphématoires et recueillies pourrait bien être Regnier-Destourbet, dont on retrouve plus d'une analogie de style. Cet ouvrage mériterait une étude ;

c'est le livre de la plus grande véhémence romantique que nous connaissions jusqu'ici.

18° *Edgard le Taciturne ou l'Étrangleur de femmes*, légende du XI° siècle, par Julius Sorel. Illustration de Tony Johannot, gravée par Porret. Paris, Desessart; 1832. 2 vol. in-8° raisin.
     Genre troubadour et Anne Radcliffe. — Ces deux volumes brochés. Légères mouillures sur le faux titre du tome II.

19° *Alma et Clodamir*, par M. Bouchardat. Roman de 293 p. in-12. Caen; 1827. Vignette de Colin, lithographiée par Bertrand, Rue froide. Petit roman vertueux, sentimental et très dessus de pendule. Genre Restauration, à peine éclairé par l'aurore du Romantisme.

20° *Crânes et Tibias*, poésies chrétiennes, par Jean Polonius, avec un dessin de Carolus Marchenoir, lithographie de Motte. Paris, Curmer; 1829. 1 vol. in-8°. — Sur le faux titre, un scoliaste a écrit : « L'auteur de ces poésies est étranger, mais son

style n'en est pas moins élégant, et beaucoup de nationaux envieraient sa pureté. »

21° *Les Souterrains de l'Abbaye*, par Alphonse Brot. Paris, Auguste Labot; 1835. 1 vol. petit in-8°. Illustration de Gigoux, gravée par Porret. — Roman humide et sternutatoire, ainsi que son titre l'indique. Exemplaire dont la couverture est maculée d'un cachet singulier sur lequel on lit : *Bibliothèque du Bagne*.

22° *Les Amours d'un Squelette*, poésies d'outre-tombe, par Timoléon Aubiernet. Vignette lithographiée par Porret. 1 vol. in-12. Paris, Pelicier ; 1827. Ce livre est dédié à *Dorothée* *** avec les vers suivants :

> Ah !... ma flamme ressemble à la lampe des morts ;
>   Sans fin comme elle, et comme elle invisible,
> Rien ne pourra l'eteindre; aux soucis, aux remords,
>   Son triste feu survit inextinguible.
>
> Un souvenir de toi, voilà ce que ma tombe
>   Veut pour reliques et pour tous ornements.
> Mais ton oubli !... mon cœur à ce penser succombe,
>   Lui qui brava la vie et ses tourments.

23° *Le Dernier des Mérovingiens*, tragédie en cinq actes, en vers, par Charles Huret. Paris, Tenré; 1833. In-8°. Grande lithographie de A. de Pujol. Drame shakespearien, formidablement sanguinaire, où tous les personnages meurent assassinés les uns par les autres Le héros, Méruald, succombe le dernier. Après avoir, durant cinq actes, perpétré les crimes les plus noirs, il s'écrie, blessé à mort, avant la chute du rideau :

> J'ai fauché tous les miens ; ô gerbes magnifiques!
> Leurs têtes, lourds épis, reposent pacifiques
> Et je vais m'endormir : *Deus sit cum illis!*
> Calme comme Bacchus dans son dégobillis.

24° *Édith, la Belle au cou de cygne, ou le chant d'Hasting*, poème, par Ulric Guttinguer. Composition de Deveria, gravée par Brevière. Paris, Charles Gosselin; 1830. 1 vol. in-8°. Au crayon, sur les gardes, se trouve écrite cette réflexion :

« Poème assez fade et nébuleux de l'ami auquel Alfred de Musset adressa tant de charmants vers. — On sent que l'auteur, en appliquant son talent à ce sujet septentrional, a rendu sa muse poitrinaire et défaillante. »

25° *Le Fils de Cromwell, ou la Galerie de Whitehall*, drame en cinq actes, en vers, par M. d'Épagny. Vignette de Gigoux sur le titre. 1 vol. in-8°. Paris, chez Bossange père; 1830. Exemplaire en très bel état, non rogné ni piqué.

Sur la première page, on a collé cet extrait de journal :

« L'intrigue de ce drame est trop compliquée pour que nous puissions l'analyser ici ; *le Fils de Cromwell* a réussi au Théâtre-Historique; cependant, il a été interrompu par suite de la fermeture du théâtre, et n'a pas été repris. »

26° *Les Fiancés de Devonshire*, conte, par Victor Boreau. Vignette de Louis Boulanger sur le titre. Paris, chez Hivert, quai des Grands-Augustins; in-8°.

27° *Les Ruines du Château ou les Charmes de la solitude*, roman, par Albert Desbordeliers. Paris, Louis Janet; 1830. 1 vol. in-12. Joli petit frontispice signé de Devéria, gravé par Quarteley.

La première page s'ouvre par ces vers :

> Salut, murs que couronne et la ronce et le lierre!
> L'homme ne voit en vous qu'un vain amas de pierre
> Qu'habite le reptile et que ronge le temps ;
> Mais le sage, à qui Dieu révèle sa pensée,
> Voit dans tous vos débris la piété tracée
> En caractères éclatants.

. . . .
>
> Oh! comme dans ces lieux, lorsque règne l'automne,
> Le voyageur bercé par le bruit monotone
> Des dépouilles des bois qui jonchent le vallon,
> Aime à livrer son âme aux sombres rêveries,
> S'il voit le jour s'enfuir et les feuilles flétries
> Suivre le vol de l'aquilon !

Exemplaire sur papier vert pâle, non rogné.

28° *Le Cimetière des Damnés*, roman scandinave, par le comte Gaspard de Pons. 1 vol. in-18, avec vignette non signée. Paris, Ambroise Dupont; 1831. Légende véritablement trop mortuaire et qui décèle chez son auteur une nécrophilie déréglée et incurable.

Admirable lithographie frontispice non signée, représentant des squelettes et des potences. — On la trouvera reproduite dans ce catalogue.

29° *Macias l'Enamorado* ou Amour et Destinée, par Ferdinand Denis. A Saragosse (?), chez Luiz Gaspar y Pelez; 1834. In-16 de 400 p. — Le lieu d'impression nous semble devoir être une supercherie. Il est bon de la signaler à M. Gustave Brunet, de Bordeaux, qui vient de terminer le supplément au Barbier et au Quérard.

30° *Soulas et Plaisir*, Rondeaux et Ballades, Parangon des Poésies du bon vieux temps, par M. de Baour-Lormian. 1 vol. in-8° de 296 p. Impression gothique, dans un encadrement ogival de style feuillu. Paris, Gosselin ; 1832.

Poésies remplies des images éclatantes chères à Baour-Lormian, qui fut un M. de Jouy rongé par les vers. Ce ne sont que « globes d'albâtre », « cheveux que des lis teint l'éclat argenté », « palais de porphyre », « vierges de lumière et réseaux d'ébène de la nuit ». Genre éminemment Pompier, mais le plus curieux de tous les Baour-Lormian comme note exaspérée de la métaphore.

Tels sont les trente volumes qu'il me fut donné d'acquérir au Château de mon défunt compagnon de natation, Bernard d'Isgny. Je puis affirmer que ces trente exemplaires sont absolument uniques, ayant depuis de longs mois remué en vain la Bibliothèque nationale, l'Arsenal, Carnavalet et lu tous les catalogues à prix marqués et autres bibliographies et Répertoires mis en circulation publique et privée. Tous les limiers de la librairie mis en marche active, toutes les demandes en forme de *desiderata* insérées dans les publications les plus répandues n'ont servi jus-

Lithographie. Frontispice non signé du CIMETIÈRE DES DAMNÉS.

qu'ici qu'à me confirmer plus amplement de l'état unique et mystérieux de mes Romantiques inconnus. C'est en vain que j'ai fait réclamer en vedette, dans les feuilles *curieuses* de France et de l'étranger, des frères jumeaux de ces enfants égarés, c'est inutilement que de vive voix j'ai fanfaré leurs louanges; ces *merles blancs* n'ont point de semblables. Je ne saurais dire évidemment par quelles aventures bibliolithiques ils sont ainsi solitaires; je ne veux point m'aviser de penser qu'ils aient été faits pour le plaisir de feu Bernard d'Isgny, ou qu'ils soient les seuls survivants de ces lots innombrables de livres qui, si j'en crois Frédéric Soulié, étaient, vers 1840, immergés par milliers en haute mer pour désencombrer les éditeurs. — *Ils sont uniques! uniques! uniques !* Je le puis proclamer. — Aussi je songe avec une morgue très castillane à l'ahurissement des bibliographes futurs, lorsque ces ouvrages singuliers apparaîtront dans ma vente *post mortem* avec des demi-reliures genre Thouvenin, exécutées par le maître Cuzin, ou vêtus de plein cuir ciselé avec des rinceaux et des rosaces cathédralesques, exécutés par les plus habiles relieurs faussaires de cette époque. — Quel tapage, alors, mes amis, chez la gent bouquinière! — *La Bibliographie des ouvrages illustrés du* xixe *siècle* sera toute à refaire, et l'âme de Jules Brivois hurlera plaintive, lointaine et désespérée dans les profondeurs inconcevables de l'Enfer des Bibliophiles.

Vignette de Louis Boulanger pour les
FIANCÉS DE DEVUNSHIRE.

LE

CARNET DE NOTES

DE NAPOLÉON Ier

LE
CARNET DE NOTES
DE NAPOLÉON Ier

Dans la nuit du 23 au 24 mai 1871, sur un tas de pavés amoncelés, derrière la grande barricade bastionnée construite et soignée avec tant de plaisir par le citoyen Gaillard père, Vauban en chef de l'insurrection communarde, deux blessés gisaient côte à côte, l'un râlant presque, l'autre revenant au contraire à la vie après un long évanouissement;

ces deux victimes de la lutte dernière regardaient de leurs yeux troubles s'élever vers le ciel les gigantesques flammes des Tuileries incendiées, qui mêlaient leurs panaches et leurs tourbillons de fumée aux rouges nuages piqués d'étincelles montant par derrière, de la Cité et de plus loin.

L'un de ces hommes était un officier versaillais et l'autre, le plus touché, un sergent fédéré. L'officier, le comte d'H., s'étant, avec quelques hommes seulement, trop audacieusement jeté sur les communards en train de parachever dans un formidable cataclysme au pétrole les destins du vieux palais de nos rois, avait eu sa troupe effroyablement arquebusée et s'en était allé tomber, avec deux ou trois balles dans le corps, au premier coin tranquille, derrière la barricade prise. Il reprenait ses esprits dans la fraîcheur de la nuit, et regardait alternativement les flammes des Tuileries et son voisin le fédéré, plus mal en point que lui.

Celui-ci tournait de temps en temps de son côté sa figure convulsée, et refermait les yeux lorsque défilaient des pelotons de lignards s'enfonçant rapidement dans l'horreur des rues trop noires ou trop rouges.

— Capitaine, dit tout à coup le fédéré, pas la peine que vos troupiers dépensent six balles de plus pour me fusiller, j'ai dans le ventre la quantité de plomb suffisante... avant que les Tuileries aient fini de flamber, je serai fini, nettoyé!.. emballé!... Tout cela parce que j'ai tardé de cinq minutes sur les camarades, histoire de rapporter un petit souvenir de notre séjour aux Tuileries.

Après un court silence, le fédéré reprit :

— Les autres avaient déjà les poches pleines de bibelots, moi pas; j'étais un pur, un de principes, et je ne voulais pas de ça d'abord. Brûler, raser la vieille cambuse à Catherine de Médicis, le local des tyrans, très bien, mais pas le déménager! Pourtant, quand ça se mit à flamber, je trouvai que c'était bête tout de même, mes scrupules! Puisque tout devait brûler avec la boîte je pouvais bien m'offrir un petit souvenir... et alors, en cherchant rapidement quelque chose de portatif, je tombai sur une belle boîte, velours vert à abeilles d'or, rien que ça...

Il s'interrompit un instant et blémit sous la souffrance.

— Une riche boîte, reprit-il, mais quoi dedans? En courant j'ai fait sauter le couvercle... rien que trois bouquins, couverts en soie tricolore... précieux sans doute, mais j'aurais préféré autre chose... enfin, je les fourrai sous ma capote... Crénom! à peine dans la rue, je reçois l'atout, mon compte est réglé... J'ai perdu deux des bouquins... Vous pensez que je ne tiens guère à celui qui m'est resté... Le voulez-vous, le petit souvenir des Tuileries? Ça ne me prive pas, allez, pour le temps que j'ai encore à faire la grimace ici...

Le comte d'H. ne pensait guère en avoir pour plus longtemps que le fédéré, cependant il prit le bouquin tricolore, l'ouvrit, le regarda vaguement et le mit dans le petit sac qu'il portait en bandoulière. Puis, comme ce mouvement l'avait fatigué, il retomba sur les pavés inerte et raide, muet, ses yeux seuls vivant et suivant en l'air le tourbillonnement des flammes et des fumées, parmi lesquelles se mêlèrent bientôt en chevauchées délirantes les visions de la fièvre.

Une quinzaine de jours après, couché dans un bon lit d'ambulance, le comte d'H. se souvint tout à coup du fédéré de la barricade Gaillard père et du livre tricolore, souvenir des Tuileries incendiées. Avait-il rêvé? Ce sergent de communards râlant à côté de lui, n'était-ce pas une de ces imaginations fantasmagoriques de la fièvre?... Le comte d'H. étendit la main vers le petit sac accroché près de son lit... A son grand étonnement il sentit quelque chose; il n'avait pas rêvé l'aventure, le livre du communard était là !

C'était un petit volume à peu près du format de l'ancien *Mercure de France,* magnifiquement relié, revêtu de soie tricolore, avec le grand aigle des armes de l'empire, tout un semis d'abeilles d'or sur le plat, et sur le dos simplement un N couronné. Cette reliure somptueuse ne recouvrait pas un chef-d'œuvre de typographie, mais un manuscrit d'une horrible écriture irrégulière, tantôt fine et serrée, tantôt immense et tout en jambages formidables ou en paraphes ressemblant à des coups de sabre, manuscrit composé de plusieurs cahiers de papiers différents, quelques-uns assez fatigués et salis, parmi lesquels, au milieu des feuillets couverts de pâtés d'encre, de chiffres, d'hiéroglyphes ou de dessins grossiers jetés çà et là, étaient annexés des papiers repliés portant des en-têtes gravés « *Grand état-major général..., Cabinet de l'Empereur..., Armée d'Allemagne...* » ou des brevets d'officiers en blanc couverts de notes au crayon ou à la plume.

Le comte d'H. lut au hasard dans les premiers cahiers datés de 1805 et, pris d'un intérêt soudain, se mit à parcourir rapidement le manuscrit de page en page, à déchiffrer les feuillets hiéroglyphiques.

Quelle trouvaille! Il était extraordinairement précieux, le bouquin sauvé du palais incendié. Grands coups de plume hâtifs, griffonnages serrés, notes au crayon, croquis, tout était de la main du grand Empereur, de cette main qui pendant quinze ans avait brandi la foudre sur l'Europe bouleversée! Ce petit volume sali, horriblement barbouillé de taches d'encres, ce n'était rien moins qu'un carnet de notes de Napoléon Ier, embrassant la période de 1805 à 1809!...

A la lecture de ces notes, un Napoléon nouveau, un Napoléon intime, en déshabillé, le vrai Napoléon, celui que seul Napoléon lui-même avait pu connaître, surgissait, — aussi différent de l'empereur tonnant de la légende que du Napoléon des souvenirs anecdotiques de MM. les chambellans. Et songeant à l'immense intérêt historique de ces notes, le capitaine se rappela que le fédéré avait parlé de trois volumes. Que pouvaient être devenus les deux autres, dans la tourmente et dans l'incendie? Perdus, détruits sans doute, hélas! — et avec eux les plus précieuses indications pour l'histoire[1].

Vingt ans ont passé depuis ; le comte d'H., malgré toutes ses recherches, n'a pas pu mettre la main sur les volumes perdus. Il publiera un jour en son intégrité le volume sauvé par lui du carnet de notes de Napoléon, que M. Taine n'a pas connu, que de rares amis seuls ont pu feuilleter, et dont nous donnons aujourd'hui indiscrètement un extrait plus court que nous ne voudrions, mais qui permettra de juger de son prodigieux intérêt au point de vue sévère et sacré de la vérité historique.

8 octobre. — Je descendais ce matin la côte d'Ebersdorf en marchant, selon mon habitude, un peu en avant de mon état-major, laissant ces messieurs discuter sur les chances ou les péripéties de la campagne, car en ces instants délicieux de l'aube, devant la nature qui s'éveille, dans la fraîcheur d'un doux matin, j'aime laisser mon esprit suivre sa pente naturelle, j'aime me laisser aller à la rêverie, surtout quand il fait beau comme aujourd'hui. Chose curieuse, moi qui marche toujours suivi de deux ou trois cent mille hommes, j'éprouvai toujours un vrai penchant pour la solitude; j'adorerais me promener incognito par les champs, interroger les bergers que je rencontre, causer avec le vénérable pasteur du village, sourire aux laboureurs occupés à faire jaillir des flancs de Cybèle les moissons de l'été... Mais l'homme propose et Dieu dispose.

Donc, je descendais la côte d'Ebersdorf; il y avait eu un petit combat de nuit, une simple escarmouche sans importance; çà et là, dans le terrain, trois ou quatre cents corps étaient étendus. Dans un champ de blé foulé où se trouvaient éparpillés une douzaine de hussards prussiens, quelques chevaux et quelques voltigeurs du 38e, j'aperçus tout à coup une douzaine de pâquerettes qui, par miracle, dans le piétinement de la lutte, n'avaient pas été foulées et qui s'épanouissaient sous le soleil, les innocentes et naïves fleurettes, au milieu des vestiges du massacre. O nature! comme tu te ris de l'homme et de ses fureurs!

Je sautai vivement à terre et je me dirigeais vers les pauvres fleurs, lorsque plusieurs jeunes freluquets de l'état-major, devinant mon intention, se précipitèrent pour me les cueillir.

---

[1]. Ces deux volumes manquants ont été achetés en juin 1871, après la prise de Belleville, à des chasseurs à pied de la compagnie dont M. Deroulède était lieutenant, par M. D. W., correspondant d'un journal américain. Ils appartiennent maintenant à l'honorable Philemon Codgett, sénateur de Massachusetts, qui les a payés 200 dollars et en a déjà refusé 150,000. L'honorable sénateur les conserve avec un soin jaloux, à côté d'un manuscrit d'odes anacréontiques signées Max. de Robespierre dans sa bibliothèque si riche déjà en documents du plus puissant intérêt sur la Revolution française.

(Information de M. G. B., du *N.-Y. H.*)

— Arrêtez, messieurs, leur dis-je, je les veux cueillir moi-même. C'est pour Joséphine!

Je crois bien que je profitai de l'occasion pour leur faire un petit sermon :

— Ce n'est pas vous, jeunes gens, qui songeriez à envoyer des champs ravagés par Bellone quelques fleurs à votre femme ou à votre amante! Oui, oui, protestez, je vous connais, vos pensées ne sont pas pour les

Für Joséphine.
Schlacht von Jena.

épouses éplorées que vous quittez en arrière, mais pour les vains plaisirs qui vous attendent dans les capitales!

Mon bouquet de blanches pâquerettes est parti par courrier, Joséphine aura dans quelques matins ce petit souvenir sur sa table de toilette!

... Ce soir j'admirais en rêvassant un beau lever de lune. Au loin, par-dessus les vapeurs des campagnes, Phœbé se levait radieuse, pendant que partout les feux des bivacs s'allumaient comme pour lui faire un cortège d'étoiles. Salut, astre des nuits! Soudain, un peu vers le Nord, une seconde lune parut!.. Je compris bientôt le phénomène en voyant apparaître un peu plus haut, sous la forme d'un croissant, la véritable Phœbé... Les deux premières étaient deux gros villages en train de brûler à trois ou quatre lieues d'ici.

Mlle J., de la Comédie-Française, n'arrive pas. Lui serait-il arrivé quelque accident en route? ou bien l'un de ces officiers bellâtres, soutachés et pomponnés, qui caracolent dans les états-majors, serait-il la cause de ce retard? Les femmes sont si peu sérieuses!

ARMÉE DE PRUSSE

ÉTAT-MAJOR GÉNÉRAL

ORDRE DU JOUR

Soldats,

Vous avez commencé aujourd'hui à moissonner de nouveaux lauriers et vous marchez...

Cet imbécile de Ricou, qui me fait mes proclamations dans un assez bon style, est malade et se prétend incapable de rassembler deux idées convenables! Moi non plus je n'ai pas l'inspiration... L'éloquence militaire n'est pas mon genre, je suis pour le genre simple, je réussis mieux dans le style familier, je tourne très gentiment le couplet, à preuve le *Beau Dunois* qu'Hortense a mis en musique... Je n'ai pas voulu signer à cause de ma position, mais le *Beau Dunois* est de moi et il a encore un assez joli succès, j'ose le dire!

Comment faire? l'inspiration ne vient pas, ma foi, pas de proclamation aujourd'hui! Je crois que Ricou fait semblant d'être malade parce que je remets à plus tard de le faire entrer à l'Académie française.

Je viens d'avoir une pique avec Ney, précisément à propos de Ricou. Nous nous sommes chamaillés en dînant. Il m'était revenu que Ney ne se gênait pas pour dire que mes plans de campagne et jusqu'à mes mouvements dans les batailles me sont dictés par Ricou, en un mot que Ricou est mon inspirateur caché; il a même dit « *mon Égérie guerrière!* » et que sans Ricou je ne suis rien de plus qu'un bon chef de bataillon, et encore!

Ricou est mon ancien professeur de latin à Brienne; je l'ai retrouvé en 99, écrivaillant aux gages des libraires, à Paris, c'est-à-dire crevant de faim, et me souvenant qu'il réussissait jadis admirablement l'allocution de Scipion aux légions, je l'ai attaché à ma personne, en qualité d'homme de lettres, pour m'arranger mes ordres du jour et mes proclamations.

Et voilà mes ennemis en Europe, — qui n'en a pas, — des misérables soudoyés par Pitt et Cobourg, et même quelques malveillants de mes armées, les voilà qui prétendent que Ricou, mon ancien professeur à Brienne, — ils ne disent pas de quoi — est un admirable tacticien, un génie militaire comme le monde jusqu'à lui n'en a pas connu, un César, un Annibal, un Alexandre réunis avec un Gustave-Adolphe et un

Turenne dans la peau d'un seul homme, un chef d'armée merveilleux, joignant au coup d'œil de l'aigle une foudroyante rapidité de conception!... Par malheur, ce grand homme de guerre serait poltron comme un lièvre, et par là ses qualités seraient à jamais restées inutiles, si je ne m'étais trouvé tout à point pour les exploiter à mon profit. Et alors Ricou, que je tiens par on ne sait quels moyens sous ma domination, que je traîne à ma suite comme un esclave et que je force à travailler, serait la tête qui conçoit et moi seulement le bras qui exécute. Mes batailles sont de lui, je ne fais que suivre ses inspirations; à moi les dangers, mais aussi à moi la gloire et à lui rien, ou de maigres appointements que je lui marchande! C'est ridicule! Le vrai, c'est que, en effet, Ricou n'aime pas les coups, c'est un pacifique homme de lettres, et j'ai beaucoup de peine à lui faire suivre d'assez près les opérations de Bellone pour qu'il puisse distinguer quelque peu les mouvements dont il doit parler dans mes ordres du jour...

En attendant, si Ricou me fait la mauvaise farce d'être vraiment malade, je lui supprime ses appointements!

10 octobre. — J'ai eu depuis huit jours des séries de maux de tête et de malaises. Et il me faut travailler comme un nègre en ce moment.

On ne peut compter vraiment que sur soi, les gens sont si négligents aujourd'hui; toujours travailler, étudier, surveiller, donner des ordres, faire rouler la machine, quel souci, bon Dieu, quels tracas! Ah! la vie tranquille, le repos, une simple maison à la campagne, Joséphine faisant son petit train-train autour de moi!.. Et une rivière... Je lirais l'abbé Delille sous les saules et je pêcherais à la ligne! Ah! oui, il s'agit bien de tranquillité quand les intrigues de la perfide Albion et de la reine de Prusse viennent me susciter à tout bout de champ des ennemis..., et ceci et cela! et l'Autriche et la Russie qu'il faut contenir, et les armées prussiennes qu'il faut écraser!...

Décidément ça ne va pas, c'est l'estomac... Je vais écrire à Larrey; il doit être du côté de Schleiz, avec la grande ambulance. Je n'aime pas les médecins, mais j'ai un peu plus de confiance en celui-là que dans les autres : il y a si longtemps que nous travaillons ensemble!

Ma dépêche pour Larrey est partie; je l'ai envoyée par six officiers d'état-major, chacun par une route différente.

J'ai des nouvelles de Mlle J. Il paraît qu'elle est tombée entre les mains de l'ennemi. Le maréchal des logis de l'escorte est arrivé tout seul, ayant eu grand'peine à s'échapper. C'est ce Blücher qui m'a fait cette farce! Je le rattraperai! Ça m'ennuie, Mlle J. a de faux airs de Joséphine, avec elle il n'y aurait que demi-infidélité..., je pouvais penser quand même à Joséphine... Qu'est-ce qu'elle peut rappeler à ce soudard de Blucher?

11 octobre. — Le soldat en campagne a quelquefois de bonnes aubaines. Nous étions arrivés trempés comme des soupes dans un de ces villages à noms si difficiles à prononcer et encore plus difficiles à écrire. De l'eau toute la journée! j'avais le Danube dans ma botte gauche et la Vistule dans ma botte droite! Flic! Floc! Parlez-moi de l'Italie pour notre métier, du soleil au moins! J'étais d'une humeur massacrante. Pendant que les soldats essayaient d'allumer leurs feux de bivac en plaine, je prenais mes quartiers dans un petit château, une bicoque... Admirablement reçu; du feu à rôtir un bœuf, du vin chaud et une satanée comtesse de la Pologne

allemande qui vous avait des yeux, mais des yeux à faire flamber des feux de bivac de conscrits rien qu'à les regarder. La comtesse polonaise se montra vraiment charmante, il n'y a pas à dire; elle envoya ses femmes de chambre pour me retirer mes bottes et m'apporta elle-même les pantoufles de son mari, avec un bouillon servi par ses mains et une bouteille de champagne. Son mari est un vieux conseiller à la Cour, il est à Berlin! Bravo, autant de pris sur l'ennemi! très gentille, cette dame, très gentille! Je ne dois ma conquête qu'à mon prestige personnel; la comtesse[1] me prenait pour un simple maréchal. Je vais écrire à Sèvres

1. Nous supprimons par convenance jusqu'à l'initiale du nom de la comtesse. Chacun connaît ce nom dans la haute société berlinoise. La comtesse a laissé plusieurs enfants. L'un d'eux, général en retraite aujourd'hui, se distingua dans la campagne de 1866 contre l'Autriche, et fut, par ses habiles manœuvres et son audace, le véritable vainqueur de Sadowa. Il ressemblait beaucoup à l'hôte du château de *** en 1806 et il lui fut même, après Sadowa, défendu de paraître à l'armée le menton rasé, comme il en avait l'habitude.

pour qu'on lui envoie un petit souvenir, le service que j'ai fait faire spécialement pour cette sorte de cadeaux.

12 octobre. — J'ai la réponse de Larrey. Des six officiers envoyés, il en est revenu deux. L'un des deux revenus, sur le point d'être pris par l'ennemi, a avalé sa dépêche, deux sont tombés dans des partis de cavalerie prussienne, le cinquième s'est égaré et galope encore du côté de Bamberg, et le sixième est blessé.

ARMÉE DE PRUSSE

GRAND-ÉTAT MAJOR GÉNÉRAL.

Direction des Ambulances

SIRE,

Comme j'ai déjà eu l'honneur de le dire à Votre Majesté, soir et matin aloès en poudre.

BARON LARREY.

La comtesse est tout simplement délicieuse; il faut que je m'attache son mari. Je lui ai fait proposer d'entrer dans mon Conseil d'État avec de l'avancement, un poste supérieur à celui de simple Hof-Conseiller. J'ai appris que c'était lui qui avait décidé sa femme à rester ici pour protéger ses propriétés. Cet homme est une nature délicate. Je veux qu'on me le présente! Le temps est au beau maintenant, l'armée se masse. Jouissons de la vie, ô douceur!

Ricou a été enlevé par des cavaliers de Blücher, en arrière de nos lignes, comme il me rejoignait sur mon ordre, pour me rédiger quelques bulletins et proclamations en retard. Ce Blücher à la fin m'exaspère : après Mlle J., il me prend Ricou! C'est trop,

je vais lui jeter une ou deux divisions de cavalerie avec Murat, mon sabreur. Gare à lui! Passe pour Mlle J., — j'avais peut être eu tort de l'appeler ici, Joséphine le saura et me fera des scènes; — mais Ricou, sapristi!

On est bien ici, nous autres soldats, nous aimons ces petites douceurs après les étapes dures ; il y a là-dessus une chanson que je chantais hier soir à la comtesse :

> Et c'est tout autant
> De pris en passant !

Je réalise en ce moment l'un de mes rêves ! Oh ! la vie ! Depuis que je suis au service je n'avais jamais eu le temps et je me disais : « Napoléon, mon pauvre, tu ne connaîtras donc jamais les joies pures de la nature,

tu ne goûteras donc jamais tranquillement le charme des belles matinées à la campagne, le parfum de la fleur, le chant de l'oiseau et le bourdonnement de l'abeille ! Un simple laboureur peut se donner tout ça, mais toi, jamais ! Non, jamais ! Toujours des coups de canon et le bruit des trompettes de Mars ! Jamais tu ne pêcheras à la ligne, mon pauvre Napoléon ! Le plus petit employé à douze cents livres d'un de tes ministères est plus heureux que toi... Il vit dans la tranquillité, tandis que toi tu t'en vas au loin risquer des coups pour lui assurer cette tranquillité... » Eh bien, je me trompais ! je goûte la joie des champs et je pêche à la ligne ! Nous avons ici une petite rivière absolument ravissante, qui file sous les saules et les peupliers ; il y a du goujon, et je pêche avec la comtesse ! Hier on m'a cherché toute l'après-midi. C'est encore Berthier qui m'ennuie pour des séries d'ordres à donner. Tant pis ! qu'il me cherche !

Je suis revenu avec une friture que la comtesse a fait peser à la cuisine. Six livres et demie et tout beau poisson ! quelle journée ! J'ai rimé sous les saules quelques vers à l'intention de la comtesse :

> Douceur des printemps, ardeur des étés,
> Vous êtes dépassés
> Par les doux yeux de ma maîtresse.
> Vous me mettez moins en détresse,
> Rigueurs des hivers,
> Que ces yeux pervers
> Dont la cruauté follement m'oppresse !

Ces vers ne sont pas mal; je veux les faire chanter demain à la comtesse. J'aurais bien dû amener Méhul à l'armée avec moi. Mais il m'en faut la musique quand même; à défaut de Méhul, je vais la mettre au concours parmi les chefs de musique des régiments que j'ai sous la main. Je les envoie à Joséphine qui les fera passer dans l'*Almanach des Muses*.

Pour Joséphine, je fais une petite variante :

> Par les doux yeux de mon amante,
> Et je crains moins la tourmente,
> Neige des hivers,
> Que ces yeux pervers...

Je ne dis point que par moments en attendant que le goujon daignât mordre à ma ligne, je ne me fis pas quelques vagues reproches. Je me disais : « Napoléon, pendant que tu t'amuses, que tu te laisses aller à la douceur de tes penchants naturels, sais-tu bien ce que fait l'ennemi ? Ce vieil enragé de Blücher ne doit pas se reposer, lui; Pitt et Cobourg doivent méditer un coup ! En voilà par exemple qui se moquent de la nature !

Excellente, cette friture ! J'en ai fait goûter à Berthier et à Ney pour les empêcher de bougonner.

Ce soir j'ai fait avec la comtesse une partie de drogue; la comtesse ne connaissait pas ce jeu : on ne joue pas à la drogue, dans les salons. Nous nous sommes très amusés.

Ce que nous avons ri en voyant la comtesse avec ses petites chevilles sur son joli nez ! Et elle se fâchait, et elle perdait de plus en plus, et les chevilles continuaient à venir pincer ce délicat petit nez ! Je me suis arrangé de façon à perdre à mon tour pour la faire rire aussi. Berthier s'est déridé à la fin, et Ney nous faisait des calembours un peu salés que la comtesse ne comprenait pas tout à fait. Bonne soirée. Je me disais cependant : « Attention, tu t'endors dans les roses, comme Annibal;

tu fais en ce moment ce qu'Annibal a dû faire à Capoue, attention ! »
Mais pour finir la soirée la comtesse a voulu m'apprendre à faire

quelques tours de valse; Berthier s'est mis au clavecin. Et en tournant au son d'une langoureuse musique, je me répétais encore : « Prends garde ! Annibal a fait tout ça... Il s'est amolli, Annibal, et ça lui a coûté cher ! »

La comtesse nous avait gentiment souhaité le bonsoir; moi, à la campagne, j'aime à faire comme les paysans, j'aime à me coucher de bonne heure. *Lever à six, coucher à dix, font vivre d'ans dix fois dix.* On dit la même chose chez nous en Corse. Rien de plus sain. (Note. Faire mettre au concours par l'Académie, mémoire en prose sur ce sujet, *idem* poème. Écrire à Fontane).

Je me croyais débarrassé de Berthier, mais, va te faire lanlaire ! Tarare pompon !

— Sire, accordez-moi deux minutes, me dit Berthier en me retenant, j'ai quelques rapports, etc., etc., quelques signatures, etc., etc.

Povero mio ! Deux minutes ! Elles étaient de taille, ses deux minutes ! L'animal me retint jusqu'à trois heures du matin. Un travail de cheval !...

Pendant que les derniers des fusiliers dormaient au bivac, sauf naturellement ceux qui se trouvaient de garde, moi, leur Empereur, je trimais avec Berthier !...

13 octobre. — Encore une journée de travail! Les corps d'armée, pivotant sur l'aile gauche, avancent et se développent sur la droite. Ordres sur ordres. L'artillerie, les parcs, les ambulances, l'intendance... Quel tracas!

Je n'ai pas perdu ma journée. Ce matin, avec la comtesse, j'ai fait

réunir les anciens du village et j'ai annoncé à ces braves gens que leur châtelaine m'ayant fait connaître et apprécier toutes leurs bonnes qualités, j'avais l'intention d'assurer le bonheur de la population entière du village; qu'en conséquence je faisais remise de tous les termes de contributions non payés et que je les exemptais à tout jamais, eux et les générations futures, des impôts et gabelles, etc... et que j'en faisais mon affaire avec le roi de Prusse, qui bientôt n'aurait rien à me refuser.

Voilà mes gens qui me regardent ébahis. Je continue : Et que, de plus, désirant laisser dans leurs cœurs un doux souvenir de mon passage, je fondais un certain nombre de prix de vertu pour les jeunes gens, pour la jeune fille qui se sera signalée entre toutes par les plus douces qualités, pour les ménages vertueux et pour les vieillards!... etc., etc.

Toute cette aimable population accueillit mes paroles avec transport;

le vénérable pasteur me bénit solennellement, des mères me montraient à leurs tendres rejetons, de douces larmes coulaient de tous les yeux. Moi aussi, j'étais ému! J'espère bien que les vertus patriarcales vont, grâce à moi, fleurir de plus belle dans cette gracieuse vallée.

L'après-midi j'ai couronné de mes mains la jeune fille choisie parmi les plus sages et je lui ai remis une somme de six cents livres qui lui servira de dot.

13 octobre. — J'en ai assez. Ce soir encore, après conseil des maréchaux, Berthier est revenu avec un tas de rapports et d'ordres à me soumettre : Nécessité de faire avancer le grand parc de siège et ordres nécessaires. Rapports sur les combats de la semaine dernière, propositions d'avancement État général des pertes des 3° et 4° corps à ce jour. États fournis par l'artillerie, gargousses, obus et boulets. Demandes diverses de matériel formulées par les ambulances. Comme il leur en faut, aux ambulances!... Rapports divers sur les positions de l'ennemi...

C'est trop, j'en ai assez! J'ai fait une proposition à la comtesse : Je donne ma démission et nous allons vivre loin du vain théâtre de la gloire et loin de ses absorbants soucis, dans une heureuse médiocrité. Nous allons goûter au sein de la nature, sous les orangers de mon beau pays, tous les calmes bonheurs que le ciel réserve aux mortels obscurs.

J'ai toujours été dépourvu d'ambition, ce sont les circonstances qui m'ont amené au poste que j'occupe, eh bien! je suis disposé à le quitter, à tout rejeter des vanités de ce monde et à m'en aller vivre chez nous avec la comtesse, si elle y consent. Je me rappelle un de nos cousins qui était curé dans un petit village en montagne et en vue de la mer; je fus souvent, quand j'étais petit, le voir aux beaux jours d'automne; c'était un brave homme, un peu porté sur sa bouche, mais quel presbytère délicieux! un jardin où tous les fruits poussaient, où toutes les fleurs de la création répandaient leurs parfums! Avec trois mille écus de rentes et cette maison, nous connaîtrions le bonheur! l'âge d'or!... Mais, que dis-je? quels rêves vais-je ébaucher? Et Joséphine que j'oubliais!... Mon Dieu, si elle y consent aussi, tout peut s'arranger; je lui louerai une petite maison avec un grand jardin à la ville, à deux lieues de chez nous, et j'irai la voir deux fois par semaine... Je vais parler sérieusement à la comtesse!

15 octobre. — Bien des ennuis et de la fatigue depuis deux jours. Obligé de remettre à plus tard mes rêves de tranquillité. Tout le temps à cheval et du travail par-dessus la tête!

Grande bataille à Iéna. Ennemi en déroute laissant 20,000 morts, 40,000 blessés et peut-être autant de prisonniers. Cavalerie poursuit.

Après la bataille, envoyé un exprès au château de X... pour rassurer la comtesse. Dépêche pour Joséphine.

Le 14 au matin, réveillé avec migraine. Mal dormi. Non, ce n'est pas une existence. Couché en plein air sur le petit plateau en avant d'Iéna que balaye une petite bise sèche! Brrr! Heureusement qu'on va se réchauffer en tapant sur l'ennemi. Ça m'indigne à la fin de penser qu'un

tas de rois et de diplomates, un tas de princes et d'intrigants s'obstinent à m'empêcher de vivre comme je le désirerais!

Et j'ai peut-être gagné un rhume sur ce sapristi de plateau! J'avais bien envie, pour me réchauffer, de prendre la pioche comme les hommes qui creusent dans le roc un chemin pour hisser là-haut notre artillerie, mais, à cause de ma position, je ne pouvais pas et ça m'ennuyait ferme. Et des ordres! des ordres à donner! Des mouvements à combiner! Tout prévoir! tout arranger! C'est à peine si j'eus le temps de dormir trois quarts d'heure vers le matin. Je rêvassais, lorsque tout à coup, à cinq heures, mon mameluck Roustan, suivant sa consigne, vint me réveiller. Il dut me tirer par les jambes. Enfin je fus debout tout engourdi.

— Qu'est-ce qu'il y a?
— Il est cinq heures et l'ennemi bouge!

Allons, reprenons le collier! Tout en bâillant je fais filer les officiers d'état-major. Le corps de Lannes et la garde se mettent en mouvement dans un brouillard à couper au couteau. Si je n'avais pas prévu ce brouillard humide, quel gâchis, quel désordre! mais je l'avais prévu et tout marche bien. J'ai un cor qui ne me trompe pas! Quel cassement de tête, mon Dieu!

Nous dégringolons du plateau, et, aussitôt arrivées en plaine, les troupes prennent rapidement leurs formations.

Sur la gauche, des masses d'infanterie et de cavalerie disparaissaient le long d'un bois; c'était le corps d'Augereau, tandis qu'à droite le corps de Soult s'étendait sur un terrain mamelonné, vers un point où brillaient encore en grand nombre les feux de bivac de l'ennemi. Toutes ces colonnes avançaient, se tassaient sur des arrêts soudains causés par l'encombrement; les rangs s'ouvraient pour laisser passer l'artillerie, un énorme bruit de ferraille secouée couvrait tous les bruits et s'éteignait ensuite dans le brouillard, puis, au milieu des jurements, la marche reprenait.

Avec tout ça, je n'ai rien trouvé à me mettre sous la dent. Mes cantines se sont égarées dans la nuit, et quand j'ai voulu recourir à la provision de tablettes de chocolat que Joséphine avait entassées dans les fontes de ma selle avec des foulards pour la nuit, plus rien! Par la faute de Roustan sans doute, les fontes ont été bousculées cette nuit et les tablettes perdues dans la boue.

Heureusement, comme je marronnais en marchant, je rencontre le 2ᵉ grenadiers, massé l'arme au pied dans un champ, pour livrer passage à une division de cuirassiers, et je vois le tambour-major Sénot, un ancien d'Italie, en train de humer un coup de sa gourde en faisant claquer sa langue.

Ce claquement de langue retentit délicieusement dans mon cœur.

— Ne bois pas tout, Sénot, laisse-m'en un peu!
— A votre service, mon Empereur; allez-y sans crainte, c'est un schnaps soigné!

En effet, c'était du schnaps soigné; avec un croûton que Sénot gardait dans sa giberne, et un oignon qu'un grenadier tira de son bonnet à poils, je fis un déjeuner frugal, mais ravigotant.

— Je te rendrai ça aux Tuileries, Sénot, lui dis-je en remontant à cheval.

— C'est entendu, mon Empereur, me crie Sénot, à tantôt, après l'ouvrage!

En cet instant, le brouillard commençant à se dissiper; une volée de coups de canon part d'une des batteries d'Augereau, un sans-patience qui veut toujours ouvrir le premier la conversation, et le tremblement commence. Je vois Sénot lever sa canne, j'entends ronfler la peau d'âne et les grenadiers poussent en avant.

Der TambourMajor.

Un coup de soleil traverse la plaine et voilà que toute la campagne s'aperçoit à perte de vue couverte de troupes. Sur les hauteurs, en avant de nous, les Prussiens, appuyés à des bois, garnissent les villages en bel ordre... Des batteries en position partout, des divisions couvrant les défilés à emporter, une quantité de cavalerie en arrière, des escadrons et des régiments en colonnes... J'ai à peine le temps de me dire que ça va être dur d'enlever toutes ces positions et de passer sur le corps de tous ces gaillards qui vous ont une allure respirant la confiance, j'ai à peine le temps de jeter un coup d'œil sur nos troupes que l'affaire s'engage sur toute la ligne. En un clin d'œil la fumée couvre tout, nos batteries en retard se portent au grand galop sur la crête de la colline et ouvrent le feu l'une après l'autre.

Je ne vois plus rien. Je traverse un village enlevé par l'infanterie de Soult, parmi des tas de morts et de blessés entassés dans toutes les ruelles et dans tous les jardins, je suis une plaine où cette infanterie a été engagée contre des hulans et dragons prussiens et en a couché par ses feux de file plusieurs centaines dans les sillons, et je rencontre un hameau en flammes. Impossible d'aller plus avant, les Prussiens se cramponnent à un bois d'où le corps de Soult s'efforce de les chasser. Un tapage infernal. Six batteries sur les pentes fouillent le bois et criblent un creux par lequel des colonnes ennemies descendent dans le bois. Onze heures! Et je n'ai toujours rien pris depuis hier soir, que le croûton et l'oignon de tout à l'heure. Oh! l'intendance! Nous sommes obligés de marcher, nous, et de cogner sans rien dans le ventre, pendant que les Riz-pain-sel flânent la plume à l'oreille. Et l'on s'étonne que le soldat soit quelquefois de mauvaise humeur!

Comme je retournais en maugréant, j'avise, en arrière des batteries,

Napoleon I, Kaiser der Franzosen.

un moulin à vent. J'aime les moulins à vent, ils font bien dans le paysage. Celui-ci, les ailes immobiles et comme collées à son flanc, semblait un pauvre oiseau effarouché par l'effroyable tapage qui se faisait autour de lui. Des officiers d'ordonnance galopaient dans la plaine, des masses de troupes défilaient au-dessous de la petite éminence, pendant que des files de blessés sortaient du bois et passaient en arrière de nos lignes.

J'entends un âne braire, une femme crier, des soldats jurer. C'était l'âne du meunier qu'un vivandier voulait attacher à sa charette... Tiens, tiens, la meunière est encore là... Voyons donc s'il n'y a pas quelque morceau de jambon à se mettre sous la dent. Je saute à terre avec quel-

NAPOLÉON CHEZ LA MEUNIÈRE

ques-uns de mon état-major et, pour gagner les bonnes grâces de la meunière, je commence par lui faire rendre son âne.

Ah! je vois bien tout de suite qu'il ne reste pas grand'chose dans le moulin, les voltigeurs ont passé ici, mais la meunière reconnaissante me fait signe d'attendre et tire d'une cachette deux galettes appétissantes, un quarteron d'œufs et un gros morceau de lard. C'est une maîtresse femme! En cinq minutes une omelette est confectionnée et nous sommes à table.

J'ai trois invités aussi affamés que moi, les autres restent dehors; pour qu'ils ne se doutent de rien et ne bougonnent pas trop, je parais de temps en temps à la fenêtre avec ma longue-vue, je regarde les progrès de l'attaque de Soult et je donne un ordre quelconque, un aide de camp part au galop et je me remets à table. Quelle satisfaction! Nous autres, soldats, nous ne savons jamais où nous souperons le soir et si nous souperons, nous devons donc saisir aux cheveux toutes les occasions de nous donner du bien-être.

Le meunier a disparu, la meunière n'a pas eu le temps de se sauver. Elle est vraiment gentille avec ses jupons courts et ses bas rouges. Tout en causant après cette fine omelette qui a dissipé notre mauvaise humeur, je lui pince le menton, et je lui rime un petit impromptu :

Impromptu à la meunière pour la remercier de sa divine omelette.

Le cœur de l'homme et de l'Amant,
Las, tendre Elmire!
Ainsi que moulin moulinant,
Tourne au zéphyre.
L'omelette a si bonne mine,
Son parfum est si séduisant,
La meunière a jambe si fine,
Son sourire est si caressant
Que près d'elle ici me fixant,
En simple meunier qui mouline,
Du soir au matin l'embrassant,
Je resterai faisant blanche farine!

On est très bien ici, bon air, vue admirable; en ce moment le paysage est voilé par la fumée, mais, en temps ordinaire, la vue est certainement de toute beauté. Je ne plains pas le meunier!

Mais ne nous oublions pas, sacristi, les affaires avant tout! Ouf! reprenons le harnais. Allez, aimable meunière, en récompense de votre omelette, les petits vers que je vous dédie paraîtront dans le prochain *Almanach des Muses*, sous mon pseudonyme ordinaire[1], et j'écrirai ce soir pour qu'on vous envoie un vase de Sèvres.

Ça marche ferme tout autour de nous. Soult a enfin enlevé le bois et rejeté l'ennemi de l'autre côté; c'est à notre tour de remonter le chemin creux et d'y recevoir des volées de mitraille. Bon, quelques boulets s'égarent par ici, ils passent au-dessus de nos têtes, mais le moulin est atteint. Il a une aile brisée et un grand trou en haut, juste où nous déjeunions tout à l'heure. Je ferai envoyer deux vases de Sèvres à la meunière.

1. Quel était ce pseudonyme? C'est une question que devrait bien résoudre *l'Intermédiaire des chercheurs et des curieux*.

La canonnade devient plus furieuse et la fumée augmente; on ne se voit plus à deux pas. Tout à coup, après une heure encore de cet infernal tintamarre, voici la poussée en avant qui se dessine et la cavalerie qui se lance sur les carrés prussiens en retraite. Sublimes horreurs que j'entrevois par moments, par des éclaircies dans la fumée! Il faut marcher en avant. C'est éreintant, et si vous croyez que cette canonnade est agréable quand on a une migraine comme celle qui me travaille depuis le matin! Quel métier, seigneur!

Traversé encore cinq ou six villages en flammes ou démolis par l'artillerie. Je fais des folies, je promets aux gens de leur envoyer comme indemnité quelques-uns de mes plus jolis Sèvres.

La bataille est gagnée. J'en étais sûr depuis le moulin; je ne suis pas superstitieux, mais j'ai remarqué plusieurs choses : d'abord, c'est qu'il y a presque toujours un moulin dans chacune de mes batailles; ensuite, c'est que chaque fois que j'y trouve la meunière la bataille est gagnée d'avance tandis que si c'est le meunier qui me reçoit, je suis certain d'avoir mon paquet. Heureusement que presque toujours le meunier est parti se mettre à l'abri.

L'ennemi est dans une déroute épouvantable; il ne pourra pas, cette fois, dire que cette bataille d'Iéna n'est pas de moi, et que c'est Ricou qui a fait le plan, puisque ce pauvre Ricou est prisonnier.

16 octobre. — Ricou est au quartier général! L'animal a pu s'échapper des mains de l'ennemi il y a huit jours, et maintenant qu'il n'y a plus de coups à craindre, il arrive! On va dire encore que c'est lui qui m'a soufflé tous mes mouvements, les gens soudoyés par la perfide Albion vont le répéter par toute l'Europe! Si encore Ricou était venu avant-hier, il m'aurait bâclé mes proclamations et je n'aurais pas été obligé de trimer, de passer, au lieu de dormir, une bonne partie de la nuit à faire de la littérature, qui n'est pas dans mon genre, encore!

25 octobre. — Tout va bien, je puis considérer la campagne comme terminée... Enfin je vais donc être tranquille, je vais pouvoir, aussitôt rentré chez nous, goûter les joies paisibles de la famille et de la nature!

J'ai reçu hier, avec des pantoufles fourrées brodées par elle, une lettre de Joséphine; il paraît qu'il y a énormément de lapins dans le parc de la Malmaison. Je chasserai un peu le matin, histoire de me dégourdir les jambes, et l'après-midi, si nous avons encore de belles journées, je lirai Horace en me promenant sous les grands arbres pour faire mes digestions toujours un peu lourdes. Écrire à Joséphine de renouveler le papier des chambres à la Malmaison; j'avais vu de très jolis échantillons avant de partir, mais je n'avais voulu rien décider. Elle peut aussi acheter pour sa chambre des Tuileries le lit et l'armoire à glace étrusques que je lui ai promis si tout marchait bien. Le chiffonnier et les fauteuils aussi, mais je lui demanderai qu'elle me fasse la surprise du petit bureau, à

l'antique avec l'encrier et la lampe. Nous entrons demain à Berlin : qu'est-ce que je lui rapporterais donc bien comme souvenir ? Je voudrais trouver quelques bibelots pas trop chers, mais je crois qu'il n'y a pas grand'chose; ils ne réussissent ici que les grandes pipes à fourneau de porcelaine et je ne fume pas. Je chargerai un de mes aides de camp de chercher; il trouvera, ces jeunes gens sont très fureteurs.

27 octobre. — Entrée solennelle à Berlin. Belle réception. Réquisitionné quinze mille paires de bas de soie blancs pour les grenadiers de ma garde; je veux qu'ils fassent bonne figure aux bals près des Berlinoises.

La comtesse est arrivée...

Nous arrêtons ici nos extraits du carnet de notes de Napoléon. Ces quelques pages suffisent pour faire apprécier l'immense importance de ces notes et laisser deviner quelle révélation sur le vrai Napoléon l'histoire tirerait de leur publication intégrale !

Les instances des historiens et des académies décideront, peut-être le comte d'H... à faire imprimer son précieux manuscrit; notre indiscrétion, qu'il voudra bien nous pardonner, n'a eu d'autre but que de lui forcer un peu la main en appelant l'attention publique sur le trésor qu'il détient.

L'illustration qui accompagne ces extraits a été exécutée sur des documents exacts et authentiques; en faisant des recherches en

Allemagne, nous avons eu l'heureuse chance de découvrir un certain nombre d'estampes et de dessins tout à fait ignorés ou très peu connus se rapportant aux événements de 1806.

Au dernier moment, nous apprenons par des dépêches d'Amérique une heureuse nouvelle. Un reporter, envoyé par un grand journal du matin, a trouvé le moyen de se faire engager comme cuisinier, aux appointements de 15,000 dollars par an, chez le sénateur Philémon Codgett, de Massachusetts, le richissime collectionneur qui possède les volumes I et III des notes de Napoléon, perdus pendant la Commune.

Depuis six mois, ce reporter profitait des absences législatives de l'honorable Codgett pour s'introduire dans son cabinet de travail. A l'aide de fausses clefs, il ouvrait la caisse de fer à triple serrure enfermant les deux volumes et copiait jusqu'au retour du sénateur.

Malgré ses précautions, il a été surpris par celui-ci, qui lui a tiré douze coups de revolver. Le reporter, quoique blessé grièvement, a pu s'échapper. Il est en route pour l'Europe. Son travail de copie était heureusement terminé; il le collationnait sur l'original quand l'honorable Codgett est survenu.

Le journal donnera chaque dimanche, dès l'arrivée de son héroïque rédacteur, la publication des précieuses notes. Le premier volume commence à la sortie de Brienne et finit à Austerlitz; le second débute par les impressions de Napoléon lors de son mariage avec Marie-Louise et se termine à la date du 15 juin 1815, trois jours avant Waterloo. Le volume du comte d'H..., dont nous venons de parler, s'intercale entre ces deux ouvrages si extraordinairement curieux. Nous connaîtrons donc bientôt, au complet, le carnet de notes de Napoléon! Aujourd'hui, où un retour d'opinion porte tous les lecteurs de France vers les ouvrages ayant trait au grand homme, n'est-il pas regrettable d'être obligé d'attendre la publication faite outre-océan des plus intimes documents qui aient été laissés par le général conquérant des temps modernes. — Oh! ces Américains!!!

LA
FIN DES LIVRES

Contes pour les Bibliophiles

Suggestions d'avenir

LA FIN DES LIVRES

E fut, il y a deux ans environ, à Londres, que cette question de la fin des Livres et de leur complète transformation fut agitée en un petit groupe de Bibliophiles et d'érudits, au cours d'une soirée mémorable dont le souvenir restera sûrement gravé dans la mémoire de chacun des assistants.

Nous nous étions rencontrés, ce soir-là, — qui se trouvait être un des vendredis scientifiques de la Royale Institution, — à la conférence de sir William Thompson, l'éminent physicien anglais, professeur à l'Université de Glascow, dont le nom est connu des deux mondes depuis la part qu'il prit à la pose du premier câble transatlantique.

Devant un auditoire brillant de savants et de gens du monde, sir William Thompson avait annoncé que mathématiquement la fin du globe terrestre et de la race humaine devait se produire au juste dans dix millions d'années.

Se basant sur les théories de Helmholtz que le soleil est une vaste sphère en train de se refroidir, c'est-à-dire de se contracter par l'effet de la gravité sur la masse à mesure que ce refroidissement se produit, sir William, après avoir estimé la chaleur solaire à celle qui serait nécessaire pour développer une force de 476.000 millions de chevaux-vapeur par mètre carré superficiel de sa photosphère, avait établi que le rayon de la photosphère se raccourcit d'un centième environ en 2,000 ans et que l'on pouvait fixer l'heure précise où la température deviendrait insuffisante pour entretenir la vie sur notre planète.

Le maître physicien nous avait non moins surpris en abordant la question de l'ancienneté de la terre, dont il développait la thèse ainsi qu'un problème de mécanique pure ; il ne lui attribuait point un passé supérieur à une vingtaine de millions d'années, en dépit des géologues et des naturalistes, et il montrait la vie venant à la terre dès la naissance du soleil, quelle qu'ait été l'origine de cet astre fécondant, soit par le résultat de l'éclatement d'un monde préexistant, soit par celui de la condensation de nébuleuses antérieurement diffuses.

Nous étions sortis de la Royale Institution très émus par les grands problèmes que le savant professeur de Glasgow s'était efforcé de résoudre scientifiquement devant son auditoire, et, l'esprit endolori, presque écrasé par l'énormité des chiffres avec lesquels sir William Thompson avait jonglé, nous revenions, silencieux, en un groupe de huit personnages différents, philologues, historiens, journalistes, statisticiens et simples curieux mondains, marchant deux par deux, le long d'Albemarle street et de Piccadilly.

L'un de nous, Edward Lembroke, nous entraîna à souper au *Junior Athenæum Club* et, dès que le champagne eut dégourdi les cerveaux songeurs, ce fut à qui parlerait de la conférence de sir William Thompson et des destinées futures de l'humanité.

James Wittmore se préoccupa longuement de la prédominance intellectuelle et morale des jeunes continents sur les anciens, vers la fin du siècle prochain. Il laissa entendre que le vieux monde abdiquerait peu à peu son omnipotence et que l'Amérique prendrait la tête du mouvement dans la marche du progrès, tandis que l'Océanie, à peine née d'hier, se développerait superbement, démasquerait ses ambitions et occuperait une des premières places dans le concert universel des peuples. L'Afrique, ajoutait-il, cette Afrique toujours explorée et toujours mystérieuse, dont on découvre à chaque instant des contrées de milliers de milles carrés, conquise, si péniblement à la civilisation, malgré son immense réservoir d'hommes, ne semble pas appelée à jouer un rôle proéminent ; ce sera le grenier d'abondance des autres continents, il se jouera sur son sol, tour à tour envahi par différents peuples, des parties peu décisives. Les masses d'hommes, dans leur violente envie de posséder cette terre vierge, s'y rencontreront, s'y battront et y mourront, mais la civilisation et le progrès ne s'y installeront que dans des milliers d'années, alors que la prospérité des États-Unis sera sur son déclin et que de nouvelles et fatales évolutions assigneront un nouvel habitat aux ensemencements du génie humain.

Julius Pollok, un doux végétarien et savant naturaliste, se plut à imaginer ce qu'il adviendrait des mœurs humaines, quand, grâce à la chimie et à la réalisation des recherches actuelles, l'état de notre vie sociale sera transformé et que notre nourriture, dosée sous forme de poudres, de sirops, d'opiats, de biscuits, tiendra en un petit volume. Alors plus de boulangers, de bouchers, de marchands de vin, plus de restaurants, plus d'épiciers, quelques droguistes, et chacun libre, heureux, susceptible de subvenir à ses besoins pour quelques sous ; la faim biffée du registre de nos misères, la nature rendue à elle-même, toute la surface de notre planète verdoyante ainsi qu'un immense jardin rempli d'ombrages, de fleurs et de gazons, au milieu duquel les océans seront comparables à de vastes pièces d'eau d'agrément que d'énormes steamers hérissés de roues et d'hélices parcourront à des vitesses de cinquante et soixante nœuds, sans crainte de tangage ou de roulis.

Le cher rêveur, poète en sa manière, nous annonçait ce retour à l'âge d'or et aux mœurs primitives, cette universelle résurrection de l'antique vallée de Tempé pour la fin du xxe siècle ou le début du xxie. Selon lui, les idées chères à lady Tennyson triompheraient à brève échéance, le monde cesserait d'être un immonde abattoir de bêtes paisibles, un affreux charnier dressé pour notre gloutonnerie et deviendrait un jardin délicieux consacré à l'hygiène et aux plaisirs des yeux. La vie serait respectée dans les êtres et dans les plantes, et dans ce nouveau paradis retrouvé ainsi qu'en un Musée des Créations de Dieu, on pourrait inscrire partout cet avis au promeneur : Prière de ne pas toucher.

La prédiction idéaliste de notre ami Julius Pollok n'eut qu'un succès relatif; on reprocha à son programme un peu de monotonie et un excès de religiosité panthéiste ; il sembla à quelques-uns qu'on s'ennuierait ferme dans son Eden reconstruit, au bénéfice du capital social de tout l'Univers, et l'on vida quelques verres de champagne de plus afin de dissiper la vision de cet avenir lacté rendu aux pastorales, aux géorgiques, à toutes les horreurs de la vie inactive et sans lutte.

« Utopie que tout cela ! s'écria même l'humoriste John Pool ; les animaux, mon cher Pollok, ne suivront pas votre progrès de chimiste et continueront à s'entre-dévorer selon les lois mystérieuses de la création ; la mouche sera toujours le vautour du microbe, de même que l'oiseau le plus inoffensif est l'aigle de la mouche, le loup s'offrira encore des gigots de moutons et la paisible brebis continuera comme par le passé à être la panthère de l'herbe. Suivons la loi commune qui régit l'évolution du monde et, en attendant que nous soyons dévorés, dévorons. »

LOISIRS LITTÉRAIRES AU XXe SIÈCLE

Arthur Blackcross, peintre et critique d'art mystique, ésotérique et symboliste, esprit très délicat et fondateur de la déjà célèbre École des *Esthètes de demain,* fut sollicité de nous exprimer ce qu'il pensait devoir advenir de la peinture d'ici un siècle et plus. Je crois pouvoir résumer exactement son petit discours dans les quelques lignes qui suivent :

« Ce que nous appelons *l'Art moderne* est-il vraiment un art, et le nombre d'artistes sans vocation qui l'exercent médiocrement avec apparence de talent ne démontre-t-il pas suffisamment qu'il est plutôt un métier où l'âme créatrice fait défaut ainsi que la vision? — Peut-on donner le nom d'œuvres d'art aux cinq-sixièmes des tableaux et statues qui encombrent nos salons annuels, et compte-t-on vraiment beaucoup de peintres ou de statuaires qui soient des créateurs originaux?

« Nous ne voyons que des copies de toute sorte : copies des vieux maîtres accommodés au goût moderne, reconstitutions toujours fausses d'époques à jamais disparues, copies banales de la nature vue avec un œil de photographe, copies méticuleuses et mosaïquées fournissant ces affreux petits sujets de genre qui ont illustré Meissonier, rien de neuf, rien qui nous sorte de notre humanité! Le devoir de l'art, cependant, que ce soit par la musique, la poésie ou la peinture, est de nous en sortir à tout prix et de nous faire planer un instant dans des sphères irréelles

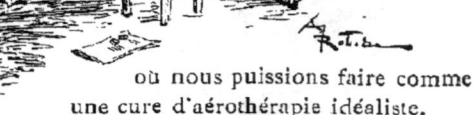

où nous puissions faire comme une cure d'aérothérapie idéaliste.

« Je crois donc, continua Blackcross, que l'heure est proche où l'Univers entier sera saturé de tableaux, paysages mornes, figures mythologiques, épisodes historiques, natures mortes et autres œuvres quelconques dont les nègres mêmes ne voudront plus ; ce sera le moment béni où la peinture mourra de faim ; les gouvernements comprendront peut-être enfin la lourde folie qu'ils ont commise en ne décourageant pas systématiquement les arts, ce qui est la seule façon pratique de les protéger en les exaltant. Dans quelques pays résolus à une réforme générale, les idées des iconoclastes prévaudront ; on brûlera les musées pour ne pas influencer les génies naissants, on proscrira la banalité sous toutes ses formes, c'est-à-dire la reproduction de tout ce qui nous touche, de tout ce que nous voyons, de tout ce que l'illustration, la photographie ou le théâtre peut nous exprimer d'une façon suffisante, et l'on poussera l'art, enfin rendu à sa propre essence, vers les régions élevées où nos rêveries cherchent toujours des voies, des figures et des symboles.

« L'art sera appelé à exprimer les choses qui semblent intraduisibles, à éveiller en nous, par la gamme des couleurs, des sensations musicales, à atteindre notre appareil cérébral dans toutes ses sensibilités même les plus insaisissables, à envelopper nos multiformes voluptés esthétiques

d'une ambiance exquise, à faire chanter dans un accord rationnel toutes les sensations de nos organes les plus délicats ; il violentera le mécanisme de notre pensée et s'efforcera de renverser quelques-unes de ces barrières matérielles qui emprisonnent notre intelligence, esclave des sens qui la font vivre.

« L'art sera alors une aristocratie fermée ; la production sera rare, mystique, dévote, supérieurement personnelle. Cet art comprendra peut-être dix à douze apôtres par chaque génération et, qui sait ! une centaine au plus de disciples fervents.

« En dehors de là, la photographie en couleur, la photogravure, l'illustration documentée suffiront à la satisfaction populaire. Mais les *salons* étant interdits, les paysagistes ruinés par la photopeinture, les sujets d'histoire étant posés désormais par des modèles suggestionnés, exprimant à la volonté de l'opérateur la douleur, l'étonnement, l'accablement, la terreur ou la mort, toute la peinturographie en un mot devenant une question de procédés mécaniques très divers et très exacts, comme une nouvelle branche commerciale, il n'y aura plus de peintres au xxie siècle, il y aura seulement quelques saints hommes, véritables fakirs de l'idée et du beau qui, dans le silence et l'incompréhension des masses, produiront des chefs-d'œuvre dignes de ce nom. »

Arthur Blackcross développa lentement et minutieusement sa vision d'avenir, non sans succès, car notre visite à la Royale Académie n'avait guère été, cette année-là, plus réconfortante que celles faites à Paris à nos deux grands bazars de peinture nationale, soit au Champ de Mars, soit aux Champs-Élysées. On épilogua quelque temps sur les idées générales exposées par notre convive symboliste, et ce fut le fondateur lui-même de l'École des *Esthètes de demain* qui changea le cours de la conversation en m'apostrophant brusquement :

« Eh bien ! mon cher bibliophile, ne parlez-vous pas à votre tour ; ne nous direz-vous pas ce qu'il adviendra des lettres, des littérateurs et des livres d'ici quelque cent ans ? — Puisque nous réformons ce soir à notre guise la société future, apportant chacun un rayon lumineux dans la sombre nuit des siècles à venir, éclairez-nous de votre propre phare tournant, projetez votre lueur à l'horizon. »

Ce furent des : « Oui ! oui... » des sollicitations pressantes et cordiales, et, comme nous étions en petit comité, qu'il faisait bon s'écouter penser et que l'atmosphère de ce coin de club était chaude, sympathique et agréable, je n'hésitai pas à improviser ma conférence.

La voici :

« Ce que je pense de la destinée des livres, mes chers amis.

« La question est intéressante et me passionne d'autant plus que je ne me l'étais jamais posée jusqu'à cette heure précise de notre réunion.

« Si par livres vous entendez parler de nos innombrables cahiers de papier imprimé, ployé, cousu, broché sous une couverture annonçant le titre de l'ouvrage, je vous avouerai franchement que je ne crois point, — et que les progrès de l'électricité et de la mécanique moderne m'interdisent de croire, — que l'invention de Gutenberg puisse ne pas tomber plus ou moins prochainement en désuétude comme interprète de nos productions intellectuelles.

« L'imprimerie que Rivarol appelait si judicieusement « l'artillerie de « la pensée » et dont Luther disait qu'elle est le dernier et le suprême don par lequel Dieu avance les choses de l'Evangile, l'Imprimerie qui a changé le sort de l'Europe et qui, surtout depuis deux siècles, gouverne l'opinion, par le livre, la brochure et le journal ; l'imprimerie qui, à dater de 1436, régna si despotiquement sur nos esprits, me semble menacée de mort, à mon avis, par les divers enregistreurs du son qui ont été récemment découverts et qui peu à peu vont largement se perfectionner.

« Malgré les progrès énormes apportés successivement dans la science des presses, en dépit des machines à composer faciles à conduire et qui fournissent des caractères neufs fraîchement moulés dans des matrices

mobiles, il me paraît que l'art où excellèrent successivement Fuster, Schœffer, Estienne et Vascosan, Alde Manuce et Nicolas Jenson, a atteint à son apogée de perfection, et que nos petits-neveux ne confieront plus leurs ouvrages à ce procédé assez vieillot et en réalité facile à remplacer par la phonographie encore à ses débuts. »

Ce fut un tolle d'interruptions et d'interpellations parmi mes amis et auditeurs, des : oh! étonnés, des : ah! ironiques, des : eh! eh! remplis de doute et, se croisant, de furieuses dénégations : « Mais c'est impossible!... Qu'entendez-vous par là? » J'eus quelque peine à reprendre la parole pour m'expliquer plus à loisir.

« Laissez-moi vous dire, très impétueux auditeurs, que les idées que je vais vous exposer sont d'autant moins affirmatives qu'elles ne sont aucunement mûries par la réflexion et que je vous les sers telles qu'elles m'arrivent, avec une apparence de paradoxe; mais il n'y a guère que les paradoxes qui contiennent des vérités, et les plus folles prophéties des philosophes du xviiie siècle se sont aujourd'hui déjà en partie réalisées.

« Je me base sur cette constatation indéniable que l'homme de loisir repousse chaque jour davantage la fatigue et qu'il recherche avidement ce qu'il appelle le confortable, c'est-à-dire toutes les occasions de ménager autant que possible la dépense et le jeu de ses organes. Vous admettrez bien avec moi que la lecture, telle que nous la pratiquons aujourd'hui, amène vivement une grande lassitude, car non seulement elle exige de notre cerveau une attention soutenue qui consomme une forte partie de nos phosphates cérébraux, mais encore elle ploie notre corps en diverses attitudes lassantes. Elle nous force, si nous lisons un de vos grands journaux, format du *Times*, à déployer une certaine habileté dans l'art de retourner et de plier les feuilles; elle surmène nos muscles tenseurs, si nous tenons le papier largement ouvert; enfin, si c'est au livre que nous nous adressons, la nécessité de couper les feuillets, de les chasser tour à tour l'un sur l'autre produit, par menus heurts successifs, un énervement très troublant à la longue.

« Or, l'art de se pénétrer de l'esprit, de la gaieté et des idées d'autrui demanderait plus de passivité; c'est ainsi que dans la conversation notre cerveau conserve plus d'élasticité, plus de netteté de perception, plus de béatitude et de repos que dans la lecture, car les paroles qui nous sont transmises par le tube auditif nous donnent une vibrance spéciale des cellules qui, par un effet constaté par tous les physiologistes actuels et passés, excite nos propres pensées.

« Je crois donc au succès de tout ce qui flattera et entretiendra la paresse et l'égoïsme de l'homme; l'ascenseur a tué les ascensions dans les maisons; le phonographe détruira probablement l'imprimerie. Nos yeux sont faits pour voir et refléter les beautés de la nature et non pas pour s'user à la lecture des textes; il y a trop longtemps qu'on en abuse, et il n'est pas besoin d'être un savant ophtalmologiste pour connaître la série des maladies qui accablent notre vision et nous astreignent à emprunter les artifices de la science optique.

« Nos oreilles, au contraire, sont moins souvent mises à contribution; elles s'ouvrent à tous les bruits de la vie, mais nos tympans demeurent moins irrités; nous ne donnons pas une excessive hospitalité dans ces golfes ouverts sur les sphères de notre intelligence, et il me plaît d'imaginer qu'on découvrira bientôt la nécessité de décharger nos yeux pour charger davantage nos oreilles. Ce sera une équitable compensation apportée dans notre économie physique générale. »

« Très bien, très bien! » soulignaient mes camarades attentifs. « Mais la mise en pratique, cher ami, nous vous attendons là. Comment supposez-vous qu'on puisse arriver à construire des phonographes à la fois assez portatifs, légers et résistants pour enregistrer sans se détraquer de longs romans qui, actuellement, contiennent quatre, cinq cents pages; sur quels cylindres de cire durcie clicherez-vous les articles et nouvelles du journalisme; enfin, à l'aide de quelles piles actionnerez-vous les moteurs électriques de ces *futurs* phonographes? Tout cela est à expliquer et ne nous paraît pas d'une réalisation aisée. »

« Tout cela cependant se fera, repris-je; il y aura des cylindres in-scripteurs légers comme des porte-plumes en celluloïd, qui contiendront cinq et six cents mots et qui fonctionneront sur des axes très ténus qui tiendront dans la poche; toutes les vibrations de la voix y seront reproduites; on obtiendra la perfection des appareils comme on obtient la précision des montres les plus petites et les plus *bijoux;* quant à l'électricité, on la trouvera souvent sur l'individu même, et chacun actionnera avec facilité par son propre courant fluidique, ingénieusement capté et canalisé, les appareils de poche, de tour de cou ou de bandoulière qui tiendront dans un simple tube semblable à un étui de lorgnette.

« Pour le livre, ou disons mieux, car alors les livres auront vécu, pour le *novel* ou *storyographe,* l'auteur deviendra son propre éditeur, afin d'éviter les imitations et contrefaçons; il devra préalablement se rendre au *Patent Office* pour y déposer sa voix et en signer les notes basses et hautes, en donnant des contre-auditions nécessaires pour assurer les doubles de sa consignation.

« Aussitôt cette mise en règle avec la loi, l'auteur parlera son œuvre et la clichera sur des rouleaux enregistreurs et mettra en vente lui-même ses cylindres patentés, qui seront livrés sous enveloppe à la consommation des auditeurs.

« On ne nommera plus, en ce temps assez proche, les hommes de lettres des *écrivains*, mais plutôt des *narrateurs*; le goût du style et des phrases pompeusement parées se perdra peu à peu, mais l'art de la diction prendra des proportions invraisemblables; il y aura des *narrateurs* très recherchés pour l'adresse,

la sympathie communicative, la chaleur vibrante, la parfaite correction et la ponctuation de leurs voix.

« Les dames ne diront plus, parlant d'un auteur à succès: « J'aime tant sa façon d'écrire! » Elles soupireront toutes frémissantes : « Oh! ce diseur a une voix qui pénètre, qui charme, qui émeut; ses *notes* graves sont adorables, ses cris d'amours déchirants; il vous laisse toute brisée d'émotion après l'audition de son œuvre : c'est un ravisseur d'oreille incomparable. »

L'ami James Wittmore m'interrompit: « Et les bibliothèques, qu'en ferez-vous, mon cher ami des livres ? »

« Les bibliothèques deviendront les *phonographothèques* ou bien les *clichéothèques*. Elles contiendront sur des étages de petits casiers successifs, les cylindres bien étiquetés des œuvres des génies de l'humanité. Les éditions recherchées seront celles qui auront été *autophonographiées* par des artistes en vogue: on se disputera, par exemple, le *Molière* de

LITTÉRATURE ET MUSIQUE « AT HOME »

Coquelin, le *Shakespeare* d'Irving, le *Dante* de Salvini, le Dumas fils

d'Éléonore Duce, le Hugo de Sarah Bernhardt, le Balzac de Mounet Sully, tandis que Gœthe, Milton, Byron, Dickens, Emerson, Tennyson, Musset et autres auront été vibrés sur cylindres par des diseurs de choix.

« Les bibliophiles, devenus les *phonographophiles*, s'entoureront encore d'œuvres rares; ils donneront comme auparavant leurs cylindres à relier en des étuis de maroquin ornés de dorures fines et d'attributs symboliques. Les titres se liront sur la circonférence de la boîte et les pièces les plus rares contiendront des cylindres ayant enregistré à un seul exemplaire la voix d'un maître du théâtre, de la poésie ou de la musique ou donnant des variantes imprévues et inédites d'une œuvre célèbre.

« Les *narrateurs*, auteurs gais, diront le comique de la vie courante, s'appliqueront à rendre les bruits qui accompagnent et ironisent parfois, ainsi qu'en une orchestration de la nature, les échanges de conversations banales, les sursauts joyeux des foules assemblées, les dialectes étrangers; les évocations de marseillais ou d'auvergnat amuseront les Français comme le jargon des Irlandais et des Westermen excitera le rire des Américains de l'Est.

« Les auteurs privés du sentiment des harmonies de la voix et des flexions nécessaires à une belle diction emprunteront le secours de gagistes, acteurs ou chanteurs pour emmagasiner leur œuvre sur les complaisants cylindres. Nous avons aujourd'hui nos secrétaires et nos copistes; il y aura alors des *phonistes* et des *clamistes*, interprétant les phrases qui leur seront dictées par les créateurs de littératures.

« Les auditeurs ne regretteront plus le temps où on les nommait lecteurs; leur vue

reposée, leur visage rafraîchi, leur nonchalance heureuse indiqueront tous les bienfaits d'une vie contemplative.

« Étendus sur des sophas ou bercés sur des *rocking-chairs*, ils jouiront, silencieux, des merveilleuses aventures dont des tubes flexibles apporteront le récit dans leurs oreilles dilatées par la curiosité.

« Soit à la maison, soit à la promenade, en parcourant pédestrement les sites les plus remarquables et pittoresques, les heureux auditeurs éprouveront le plaisir ineffable de concilier l'hygiène et l'instruction, d'exercer en même temps leurs muscles et de nourrir leur intelligence, car il se fabriquera des *phono-opéragraphes* de poche, utiles pendant l'excursion dans les montagnes des Alpes ou à travers les Cañons du Colorado.

— Votre rêve est très aristocratique, insinua l'humanitaire Julius Pollok; l'avenir sera sans aucun doute plus démocratique. J'aimerais, je vous l'avoue, à voir le peuple plus favorisé.

— Il le sera, mon doux poète, repris-je allégrement, en continuant à développer ma vision future, rien ne manquera au peuple sur ce point; il pourra se griser de littérature comme d'eau claire, à bon compte, car il aura ses distributeurs littéraires des rues comme il a ses fontaines.

« A tous les carrefours des villes, des petits édifices s'élèveront autour desquels pendront, à l'usage des passants studieux, des tuyaux d'audi-

tion correspondant à des œuvres faciles à mettre en action par la seule pression sur un bouton indicateur. — D'autre part, des sortes d'*automatic libraries,* mues par le déclenchement opéré par le poids d'un penny jeté dans une ouverture, donneront pour cette faible somme les œuvres de Dickens, de Dumas père ou de Longfellow, contenues sur de longs rouleaux faits pour être actionnés à domicile.

« Je vais même au delà : l'auteur qui voudra exploiter personnellement ses œuvres à la façon des trouvères du moyen âge et qui se plaira à les colporter de maison en maison pourra en tirer un bénéfice modéré et toutefois rémunérateur en donnant en location à tous les habitants d'un même immeuble une infinité de tuyaux qui partiront de son magasin d'audition, sorte d'orgue porté en sautoir pour parvenir par les fenêtres ouvertes aux oreilles des locataires désireux un instant de distraire leur loisir ou d'égayer leur solitude.

« Moyennant quatre ou cinq *cents* par heure, les petites bourses, avouez-le, ne seront pas ruinées et l'auteur vagabond encaissera des droits relativement importants par la multiplicité des auditions fournies à chaque maison d'un même quartier.

« Est-ce tout?... non pas encore, le *phonographisme* futur s'offrira à nos petits-fils dans toutes les circonstances de la vie; chaque table de restaurant sera munie de son répertoire d'œuvres phonographiées, de même les voitures publiques, les salles d'attente, les cabinets des steamers, les halls et les chambres d'hôtel posséderont des *phonographotèques* à l'usage des passagers. Les chemins de fer remplaceront les parloir-cars par des sortes de *Pullman circulating Libraries* qui feront oublier aux voyageurs les distances parcourues, tout en laissant à leurs regards la possibilité d'admirer les paysages des pays traversés.

« Je ne saurais entrer dans les détails techniques sur le fonctionnement de ces nouveaux interprètes de la pensée humaine, sur ces multiplicateurs de la parole; mais soyez sûr que le livre sera abandonné par tous les habitants du globe et que l'imprimerie cessera absolument d'avoir cours, en dehors des services qu'elle pourra rendre encore au commerce et aux relations privées, et qui sait si la machine à écrire, alors très développée, ne suffira pas à tous les besoins.

— Et le journal quotidien, me direz-vous, la Presse si considérable en Angleterre et en Amérique, qu'en ferez-vous?

— N'ayez crainte, elle suivra la voie générale, car la curiosité du public ira toujours grandissant et on ne se contentera bientôt plus des interviews imprimées et rapportées plus ou moins exactement; on voudra entendre l'*interviéwé*, ouïr le discours de l'orateur à la mode, connaître la chansonnette actuelle, apprécier la voix des divas qui ont débuté la veille, etc.

« Qui dira mieux tout cela que le futur grand journal phonographique?

« Ce seront des voix du monde entier qui se trouveront centralisées dans les rouleaux de celluloid que la poste apportera chaque matin aux auditeurs abonnés; les valets de chambre et les chambrières auront l'habitude de les disposer dans leur axe sur les deux paliers de la machine motrice et ils apporteront les nouvelles au maître ou à la maîtresse, à l'heure du réveil : télégrammes de l'Étranger, cours de la Bourse, articles fantaisistes, revues de la veille, on pourra tout entendre en rêvant encore sur la tiédeur de son oreiller.

« Le journalisme sera naturellement transformé, les hautes situations seront réservées aux jeunes hommes solides, à la voix forte, chaudement timbrée, dont l'art de dire sera plutôt dans la prononciation que dans la recherche des mots ou la forme des phrases. Le mandarinisme littéraire disparaîtra, les lettrés n'occuperont plus qu'un petit nombre infime d'auditeurs; mais le point important sera d'être vite renseigné en quelques mots sans commentaires. Il y aura dans tous les offices de journaux des halls énormes, des *spoking-halls* où les rédacteurs enregistreront à haute voix les nouvelles reçues; les dépêches arrivées téléphoniquement se trouveront immédiatement inscrites par un ingénieux appareil établi dans le récepteur de l'acoustique. Les cylindres obtenus seront clichés à grand nombre et mis à la poste en petites boîtes avant trois heures du matin, a moins que, par suite d'une

entente avec la compagnie des téléphones, l'audition du journal ne puisse être portée à domicile par les fils particuliers des abonnés, ainsi que cela se pratique déjà pour les théâtrophones. »

William Blackcross, l'aimable critique et esthète qui jusque-là avait bien voulu prêter attention à mon fantaisiste bavardage sans m'interrompre, jugea le moment opportun de m'interroger :

« Permettez-moi de vous demander, dit-il, comment vous remplacerez l'illustration des livres ? L'homme, qui est un éternel grand enfant, réclamera toujours des images et aimera à voir la représentation des choses qu'il imagine ou qu'on lui raconte.

— Votre objection, repris-je, ne me démonte pas; l'illustration sera abondante et réaliste; elle pourra satisfaire les plus exigeants. Vous ignorez peut-être la grande découverte de demain, celle qui bientôt nous stupéfiera. Je veux parler du Kinétographe de Thomas Édison, dont j'ai pu voir les premiers essais à Orange-Park dans une récente visite faite au grand électricien près de New-Jersey.

« Le Kinétographe enregistrera le mouvement de l'homme et le reproduira exactement comme le phonographe enregistre et reproduit sa voix. D'ici cinq ou six ans, vous apprécierez cette merveille basée sur la composition des gestes par la photographie instantanée ; le kinétographe

sera donc l'illustrateur de la vie quotidienne. Non seulement nous le verrons fonctionner dans sa boîte, mais, par un système de glaces et de réflecteurs, toutes les figures actives qu'il représentera en photo-chromos pourront être projetées dans nos demeures sur de grands tableaux blancs. Les scènes des ouvrages fictifs et des romans d'aventures seront mimées par des figurants bien costumés et aussitôt reproduites ; nous aurons également, comme complément au journal phonographique, les illustrations de chaque jour, des *Tranches de vie* active, comme nous disons aujourd'hui, fraîchement découpées dans l'actualité. On verra les pièces nouvelles, le théâtre et les acteurs aussi facilement qu'on les entend déjà chez soi ; on aura le portrait et, mieux encore, la physionomie mouvante des hommes célèbres, des criminels, des jolies femmes ; ce ne sera pas de l'art, il est vrai, mais au moins ce sera la vie elle-même, naturelle, sans maquillage, nette, précise et le plus souvent même cruelle.

« Je vous répète, mes amis, que je ne conçois ici que d'incertaines possibilités. — Qui peut se vanter, en effet, parmi les plus subtils d'entre nous de prophétiser avec sagesse ? Les écrivains de ce temps, disait déjà notre cher Balzac, sont les manœuvres d'un avenir caché par un rideau de plomb. Si Voltaire et Rousseau revoyaient la France actuelle, ils ne soupçonneraient guère les douze années qui furent, de 1789 à 1800, les langes de Napoléon.

« Il est donc évident, dis-je, en terminant ce trop vague aperçu de la

vie intellectuelle de demain, qu'il y aurait dans le résultat de ma fantaisie des côtés sombres encore imprévus. De même que les oculistes se sont multipliés depuis l'invention du Journalisme, de même avec la phonographie à venir, les médecins auristes foisonneront; on trouvera moyen

de noter toutes les sensibilités de l'oreille et de découvrir plus de noms de maladies auriculaires qu'il n'en existera réellement, mais aucun progrès ne s'est jamais accompli sans déplacer quelques-uns de nos maux; la médecine n'avance guère, elle spécule sur des modes et des idées nouvelles qu'elle condamne lorsque des générations en sont mortes dans l'amour du changement. En tout cas, pour revenir dans les limites mêmes de notre sujet, je crois que si les livres ont leur destinée, cette destinée, plus que jamais, est à la veille de s'accomplir, le livre imprimé va disparaître. Ne sentez-vous pas que déjà ses excès le condamnent? Après nous la fin des livres! »

Cette boutade faite pour amuser notre souper eut quelque succès parmi mes indulgents auditeurs; les plus sceptiques pensaient qu'il pouvait bien y avoir quelque vérité dans cette prédiction instantanée, et John Pool obtint un hourra de gaieté et d'approbation lorsqu'il s'écria, au moment de nous séparer :

« Il faut que les livres disparaissent ou qu'ils nous engloutissent; j'ai calculé qu'il paraît dans le monde entier quatre-vingts à cent mille ouvrages par an, qui tirés à mille en moyenne font plus de cent millions d'exemplaires, dont la plupart ne contiennent que les plus grandes extravagances et les plus folles chimères et ne propagent que préjugés et erreurs. Par notre état social, nous sommes obligés d'entendre tous les jours bien des sottises; un peu plus, un peu moins, ce ne sera pas dans la suite un bien gros excédent de souffrance, mais quel bonheur de n'avoir plus à en lire et de pouvoir enfin fermer ses yeux sur le néant des imprimés ! »

Jamais l'Hamlet de notre grand *Will* n'aura mieux dit : *Words! Words! Words!* Des mots!... des mots qui passent et qu'on ne lira plus.

POUDRIÈRE ET BIBLIOTHÈQUE

POUDRIÈRE ET BIBLIOTHÈQUE

I

Eh bien! quoi encore, dom Poirier?
— Chut! D'abord, pour l'amour du ciel..., c'est-à-dire de la déesse Raison..., appelez-moi citoyen Poirier; je vous en supplie, tutoyez-moi, cher monsieur Picolet!

— Chut! citoyen Poirier; au nom de l'Être suprême, appelez-moi mon cher citoyen Caïus-Gracchus Picolet! Nous sommes seuls ici, entre amis, mais à deux pas il y a des oreilles de sans-culottes, assez longues ma foi, qui pourraient nous entendre... Je vous disais donc, citoyen Poirier, citoyen bibliothécaire, qu'est-ce qu'il y a encore?

— Vous ignorez l'arrêté de la Commune, que l'on vient de me signifier?

— Totalement!

— Eh bien, devinez, cher monsieur Pi... cher citoyen Picolet, devinez ce qu'ils vont faire dès demain des bâtiments de notre illustrissime Abbaye, ci-devant royale, de Saint-Germain-des-Prés?... Je dis *notre*, car vous en étiez presque, mon vieil ami, vous qui venez fouiller, au grand profit de la science, les livres et manuscrits de notre bibliothèque, depuis tantôt plus de trente ans...

— Depuis l'an 56, dom... citoyen Poirier! Lorsque pour la première fois je fouillai dans les livres poudreux, les cartons vénérables amassés par les révérendissimes bénédictins, c'était en 1756, sous Louis... sous le tyran Louis, quinzième du nom!

— Nous sommes les deux derniers, vous bénédictin laïque, moi ci-devant moine indigne de cette abbaye, commis par la Commune, lors de la suppression des ordres religieux, à la garde des bâtiments et du matériel, comme ils disent, de la bibliothèque bénédictine! Nous sommes les deux derniers... à part vos amis, ces deux messieurs... ces deux citoyens, qui osent encore venir de temps en temps...

Dom Poirier soupira.

— Eh bien, voyons, citoyen Poirier, ce nouvel arrêté de la Commune?

— Une infamie nouvelle!

— Chut!

— Oui, je veux dire une mesure incroyable, extraordinaire, terrifiante... Figurez-vous! Ils font... de notre Abbaye... ils font...

— Quoi?

— Une fabrique de poudre à canon!

— Une fabrique de...

— Oui!

— Impossible!

— Vous dites... pardon! tu dis, citoyen Caius-Gracchus Picolet, tu dis : impossible? Va donc regarder par cette fenêtre dans la cour... Vois-tu ces hommes en train de barbouiller de la peinture noire sur ces planches, là-bas? Eh bien, lis un peu.

Le citoyen Picolet essuya les verres de ses lunettes et les mit soigneusement à cheval sur son nez; cela fait, il se dirigea suivi du citoyen Poirier vers une fenêtre donnant sur une des cours de l'Abbaye, au pied du réfectoire, cette merveille architecturale du xiiie siècle due à Pierre de Montereau, l'architecte de saint Louis, auteur de la Sainte-Chapelle du Palais de Justice.

— Je vois, je vois, fit le citoyen Picolet, *Administration*, attendez, sapristi! *des poudres et salpêtres!*... C'est pourtant vrai! Mais alors, les scélérats, les vandales, les ânes bâtés, les...

— Chut! modérez votre indignation... modère, modère, citoyen Picolet, on peut t'entendre!

— Les... les... enfin, je ravale mes épithètes, mais elles restent en dedans, elles subsistent... enfin, ils ont l'idée... inqualifiable d'installer une fabrique de poudre ici! une poudrière, dom Poirier, une poudrière sous la bibliothèque, un volcan sous les rayons chargés d'œuvres considérables, honneur et gloire de l'esprit humain, de tant de manuscrits, chroniques, chartes et documents précieux pour l'histoire!

— Hélas!

— Nous sauterons, dom Poirier, je vous le dis, nous sauterons, c'est sûr!... Regardez-moi ces sectionnaires a pipes qui passent dans les cours... Des pipes, je trouvais déjà cela monstrueux ici, mais des poudres et salpêtres!... c'est la fin, nous sauterons forcément...

— Je n'en doute pas plus que vous.

— Mais je proteste, clama M. Picolet, je proteste... c'est trop! c'est trop!

— Taisez-vous donc! Nous sauterons, eh bien, est-ce que nous ne voyons pas tout sauter autour de nous? les trônes, les institutions et...

Dom Poirier baissa la voix.

— Et les têtes? acheva-t-il.

— Je proteste! je proteste! les trônes, ça se raccommode! les institutions, ça se relève! les têtes... ah! non, les têtes, ça ne repousse pas, mais il en pousse d'autres, enfin, tandis que nos manuscrits, nos chartes, nos documents des siècles passés, une fois brûlés, citoyen Poirier, une fois brûlés, c'est fini... je proteste au nom de la science, au nom de l'histoire, au...

— Ne montez pas tant que cela sur vos ergots, citoyen Picolet, vous allez vous faire raccourcir, et moi en même temps, et ça ne sauvera pas nos manuscrits, chartes, diplômes, documents, tandis qu'en tâchant de durer le plus longtemps possible pour veiller sur eux, nous pourrons encore conserver une très petite, très faible, très mince espérance. C'est pour cette espérance qu'il faut vivre et tâcher de ne pas nous faire raccourcir, comme on dit dans la belle langue de notre charmante époque!

La colère du citoyen Picolet tomba subitement; sa figure, d'écarlate qu'elle était devenue, blêmit, ses jambes semblèrent flageoler, et il se laissa tomber sur une chaise.

C'était en l'an II de la République une et indivisible, dans une des salles de la bibliothèque de l'Abbaye bénédictine de Saint-Germain-des-Prés, qu'avait lieu ce colloque subversif entre le ci-devant dom Poirier, le dernier moine de l'Abbaye supprimée, et le paisible M. Louis Picolet, homme de lettres, rat de bibliothèque, devenu le citoyen

Caius-Gracchus Picolet, vieil habitué de ses rayons, resté fidèle au docte logis, malgré ses malheurs et malgré les dangers trop évidents de la fréquentation.

Pauvre abbaye de Saint-Germain, illustre et révérée pendant tant de siècles, et qui comptait quatorze cents ans d'existence glorieuse, depuis le jour où Childebert, fils de Clovis, avec saint Germain, évêque de Paris, jetèrent les premiers fondements du moutier primitif dans les prés fleuris qu'arrose la Seine, au temps où Lutèce commençait à peine à sortir de son île.

Pas plus que Lutèce, le monastère ne sombra point au temps des

invasions et des guerres. Les Normands massacrèrent les moines, brûlèrent et renversèrent l'église, l'Abbaye se releva et se repeupla.

Alors commencent les siècles de grande prospérité, l'Abbaye féodale, puissante et dominatrice, est le centre seigneurial d'une petite ville à part, à côté de Paris; une enceinte crénelée flanquée de tours et cernée d'un fossé entoure un vaste ensemble d'édifices, de cours et de jardins.

Deux cloîtres, un colossal bâtiment contenant la salle du chapitre, la salle des hôtes et d'immenses dortoirs, un réfectoire admirable, une chapelle de la Vierge sont dominés par une église à trois tours majestueuses et par le grand logis du seigneur abbé.

L'Abbaye possède d'immenses domaines, des prieurés et des cures dans Paris et hors Paris, des terres, des fiefs, des censives un peu partout; elle perçoit des droits et des péages nombreux, exerce haute, basse et moyenne justice sur ses vassaux. Elle a ses gens d'armes et ses sergents, et se défend à l'occasion derrière ses murailles. Elle traverse ainsi, superbe et honorée, les siècles du moyen âge.

L'Anglais collectionneur

Mais avec le temps destructeur et transformateur l'Abbaye passe en commende, et l'abbé titulaire n'est plus qu'un gros seigneur laïque qui n'a qu'à percevoir ses énormes revenus et à les dépenser joyeusement dans le palais abbatial, où les ombres des vieux abbés d'autrefois voient avec stupéfaction passer de coquettes frimousses d'actrices et de danseuses conviées aux petits soupers. Pendant ce temps, tout à côté, les moines bénédictins travaillent silencieusement ; ils recueillent les matériaux de l'histoire qui se déroule depuis des siècles sous les fenêtres de leurs salles, et ils amassent une considérable bibliothèque mise avec libéralité à la disposition des curieux et des lettrés.

Subitement éclate la grande tourmente. Dans l'effroyable cataclysme, la vieille société s'écroule. Aux premières secousses, la vieille Abbaye, qui jadis avait triomphé de tant d'orages, a tremblé sur ses bases. A la suppression des ordres monastiques l'église est fermée, les moines sont jetés dehors, et l'on balaye dehors aussi les os des rois mérovingiens qui reposaient dans leurs tombeaux au milieu de l'église. L'Abbaye, cependant, ne reste pas longtemps vide, la vieille prison abbatiale, que l'Etat avait reprise depuis près de deux siècles, se trouve trop petite, bien que les sans-culottes s'entendent à y faire de la place ; on transforme l'Abbaye elle-même en prison. Dans les cellules des moines, dans les chambres, sous la bibliothèque, on entasse des suspects ou des fils, des filles, des femmes, des parents de suspects ou des gens suspects d'être amis des suspects, parmi lesquels, tous les matins, le tribunal révolutionnaire fait cueillir quelques têtes.

Des moines dispersés, disparus, les uns végétant cachés en quelque trou, les autres recueillis dans quelque province lointaine, ou émigrés, certains sans doute ayant passé par le panier du citoyen Sanson, il ne reste pour pleurer la vieille gloire défunte que le courageux Dom Poirier, qui a obtenu, pour veiller malgré tout sur ses chers livres au péril quotidien de sa tête, de rester en qualité de gardien provisoire des collections des ci-devant moines.

Le ci-devant dom Poirier est un grand, gros et fort Normand, une figure rubiconde bien plantée sur de robustes épaules auxquelles s'emmanchent des bras solides. En quittant la robe bénédictine pour devenir le citoyen Poirier, il a endossé un habit de gros drap noir qui sent encore le calotin, comme disent les sans-culottes du quartier, ex-locataires des maisons de l'Abbaye devenues biens nationaux. De fait, le citoyen Poirier a bien un peu l'air d'un sacristain de village, dans ses nouveaux habits ; quoi qu'il en soit, son teint haut en couleur, sa mine décidée et ses poings remarquables inspirent un certain respect à ses hargneux voisins, sectionnaires ou fainéants sans-culottes, vivant des quarante sous quotidiens de la nation dans les bâtiments des moines.

II

Dans les antiques salles bondées de livres et de cartons où jadis travaillaient paisiblement côte à côte les moines et les érudits laïques, le désert s'est fait. Personne ne vient plus. Le fracas terrible des événements et l'effondrement social ont fait s'envoler, effarouchés, tous ces paisibles picoreurs de bouquins. Un seul a persisté malgré tout, malgré les catastrophes se succédant coup sur coup, malgré les *journées* sanglantes. Tous les jours, en dépit du danger, revient le vieil habitué Caïus-Gracchus Picolet. Seul, n'est pas tout à fait le mot ; lui, c'est le fidèle qui ne manque pas un jour, mais il reste deux autres anciens habitués qui apparaissent encore de temps en temps dans la bibliothèque, se glissant timidement dans les cours aux heures où il y a le moins de chances de se heurter aux sectionnaires, c'est-à-dire lorsque ces farouches citoyens s'en vont chez les marchands de vin du quartier discuter sur la quantité de têtes qu'il peut être encore nécessaire de couper pour la santé de la République.

Ces habitués intermittents sont, comme dom Poirier et le citoyen Picolet, des hommes d'un certain âge, à cheval entre cinquante et soixante, de paisibles hommes d'étude qui demeurent plongés depuis le commencement du grand drame dans une espèce d'ahurissement, à la fois déroutés et épouvantés.

Il y a bien de quoi, on le conçoit, pour d'honnêtes gens de lettres vivant naguère de menus travaux pour les libraires, et qui, dans ce monde tout nouveau, dans ce Paris bouillonnant des fureurs révolutionnaires, ne se sentent nulles dispositions à suivre le mouvement qui entraîne tout, à se lancer dans ces violentes luttes de plume et de parole qui mènent actuellement très vite leur homme à la Convention ou à la guillotine, et parfois aux deux.

D'ailleurs, bien qu'il s'en cache maintenant avec soin, l'un d'eux est un ci-devant, jadis assez fier du titre qui paraît sa misère, le chevalier de Valferrand, d'une famille de Normandie ruinée depuis cent cinquante ans, aujourd'hui simplement *Ferrand Jean-Baptiste,* à en croire sa carte de civisme obtenue grâce à mille ruses, après plusieurs déménagements successifs pour dépister toute recherche.

L'autre, s'appelant simplement Bigard, n'a pas eu besoin de modifier son nom et s'est contenté de changer en Horatius son prénom de Dieudonné, qui relevait autrefois la simplicité de *Bigard* au bas de ses articles du *Mercure de France*.

Les terribles secousses de ces dernières années, qui ont amené tant et de si étranges changements partout, ont bizarrement et diversement modifié ces deux physionomies. Dieudonné Bigard, très gros avant 89, et que son assiduité à sa table de travail menait à l'apoplexie, est devenu peu à peu maigre et bilieux. Le chevalier de Valferrand, fin et musqué, tempérament sec et maigre, aux mollets en petites flûtes, s'est bardé de graisse au contraire et a gagné un embonpoint extraordinaire.

— Le malheur engraisse, dit-il, quand il rencontre le citoyen Bigard.

— Les inquiétudes patriotiques maigrissent ! répond Bigard.

A la réflexion, ces modifications d'acabit s'expliquent. Bigard n'a eu que trop de raisons pour maigrir. D'abord, la diminution ou la suppression totale de ses revenus. Plus de librairies, plus de travaux de littérature; les grandes publications d'érudition commencées avant 89 sont abandonnées, les presses ne produisent aujourd'hui que brochures politiques ou gazettes populaires aux polémiques enflammées. Bigard n'a donc plus de motifs pour rester cloué à son pupitre, et il est forcé par le malheur des temps de supprimer assez souvent un repas sur deux, le dîner ou le souper, au choix de son estomac. De plus, comme il habite le faubourg du Roule, il occupe ses loisirs en herborisations et promenades à la campagne dans les Champs-Élysées, aux heures où il n'y a pas à craindre d'être détroussé par les voleurs.

L'embonpoint nouveau et inespéré de Valferrand, demeuré sec jusqu'à cinquante ans, s'explique aussi aisément. M. le chevalier de Valferrand, qui sortait beaucoup jadis, se claquemure au contraire avec soin depuis ces dernières années; il s'efforce de vivre oublié au fond d'un petit logement de faubourg tranquille, trouvant l'orage bien long et dormant le plus longtemps possible pour raccourcir les jours et pour oublier ses affres perpétuelles. Horatius Bigard et Valferrand ne montrent donc point l'héroïsme de dom Poirier et de Caïus-Gracchus Picolet, restés dans la tourmente, courageusement fidèles l'un à son poste, l'autre à ses habitudes : ils ne réapparaissent que de temps à autre dans la vieille bibliothèque des ci-devant bénédictins, lorsqu'ils croient sentir une petite accalmie dans l'atmosphère révolutionnaire.

Justement, ce jour même où la Commune venait d'affecter à la fabrication des poudres les locaux de l'Abbaye non occupés par les prisonniers, ces deux épaves du petit monde littéraire d'avant 89 vinrent sans s'être donné le mot rendre

visite à la vieille bibliothèque pour emprunter quelques livres à leur vieil ami le citoyen Poirier. Tous deux débouchant de la rue Jacob, à cinq minutes d'intervalle, pénétrèrent dans les cours, le chevalier de Valferrand, le nez en l'air en affectant des airs dégagés et guillerets, l'autre la tête basse en faisant le moins de bruit possible pour passer inaperçu. Ils durent louvoyer pour éviter des groupes occupés çà et là dans les cours et entrèrent à la bibliothèque sans avoir lu l'inscription : « *Administration des poudres et salpêtres* », et sans rien savoir.

— V'là des oiseaux qui marquent mal ! grommela pourtant sur leur passage le chef du poste de sectionnaires, assis avec quelques-uns de ses hommes sur un banc au soleil. Qu'est-ce qu'ils viennent ficher ici ? Je ne sais pas à quoi pense la Commune, de n'avoir pas encore nettoyé leur bibliothèque... un tas de vieux bouquins sur les manigances des rois et des curés ! Tout ça, je vous dis que c'est des menées d'aristocrates !

III

En deux mots ils furent au courant de la situation. L'effet fut immédiat. Tous deux reculèrent effarés et reprirent leurs chapeaux posés sur des piles de livres.

— Ne vous sauvez donc pas si vite, fit dom Poirier en riant, le danger n'est pas immédiat; il n'y a encore que des caisses et des tonneaux vides avec les ouvriers qui aménagent les locaux... nous ne sauterons pas avant quelque temps !

— Vous parlez de cela bien tranquillement, citoyen Poirier, fit Valferrand. Comment laissez-vous installer une poudrière sous votre bibliothèque..... Il faut réclamer à la Commune !

— Bien m'en garderai-je, répondit dom Poirier; croyez-vous que l'on fasse droit à ma réclamation, et que pour les beaux yeux d'un ci-devant moine, pour une bibliothèque de couvent, un dangereux fatras de bouquins relatifs aux ci-devant superstitions, comme ils disent, on revienne sur l'arrêté ? Il est passé le temps des réclamations ! Quand on nous a pris une partie de notre bâtiment pour en faire une geôle, j'ai été dire à quel danger ce voisinage exposait notre précieux dépôt; on m'a répondu que je devais m'estimer heureux de ne pas être logé moi-même en cette geôle. Quand on nous a gratifiés de ce poste de sectionnaires qui nous a valu déjà tant d'avanies, j'ai eu beau crier qu'avec leurs pipes et leur poêle ces citoyens pouvaient nous incendier, on m'a ri au nez et l'on m'a donné à entendre que l'intérêt de la nation exigerait plutôt la suppression de la bibliothèque et du bibliothécaire que celle du poste de patriotes... Maintenant je ne réclame plus, je fais le mort, c'est plus prudent... Tâchons de nous faire oublier dans notre petit coin, messieurs, faisons-nous aussi petits que possible...

— Mais c'est trop fort pourtant, à la fin ! s'écria le citoyen Caïus-Gracchus Picolet.

— Chut ! bouillant citoyen ! n'avons-nous pas déjà passé par de rudes moments ?... Souvenez-vous des journées de Septembre, lorsque, à deux pas de nous, on massacra les Suisses et les autres malheureux détenus dans cette prison de l'Abbaye, dont nous pouvons apercevoir d'ici les toits par-dessus les jardins du palais abbatial.

Le chevalier de Valferrand frémit et se laissa tomber sur une pile de livres.

— Notre ami Picolet était avec moi, messieurs, poursuivit dom Poirier; nous avons passé trois jours enfermés ici, sans bouger et sans nous montrer, avec des vivres apportés en cachette par cette brave fruitière de la rue Cardinale qui se montre si dévouée pour moi depuis trois ans... Terribles journées ! Nous dormions sur nos livres comme nous pouvions, poursuivis, malgré les fenêtres bien closes, par les cris des malheureux que l'on égorgeait !... Si les massacreurs s'étaient souvenus que, si près du théâtre de leurs exploits, il restait encore un des moines de la pauvre défunte Abbaye, l'affaire eût été vite réglée et aussi celle de notre ami Picolet, mon compagnon si dévoué, que j'aurais eu la douleur d'entraîner dans ma perte...

Dom Poirier mit les mains sur les épaules de Picolet et secoua son ami comme un prunier :

— Du courage ! fit-il pendant que le citoyen Picolet frottait ses épaules, tout ça passera !

— Oui ! vous en parlez bien tranquillement, fit Picolet, et si nous sautons ?

— Oui, si nous sautons ? appuyèrent Bigard et Valferrand.

— Certainement nous finirons par sauter si ça dure, mais tout mon espoir est que ça ne durera peut-être pas jusque-là... Le régime que nous subissons a-t-il donné son maximum ? Y a-t-il eu assez de sang versé, assez de crimes et assez de folies ? Sommes-nous en haut de la côte et allons-nous redescendre ?

— Hum ! cela n'en a pas l'air.

— Nous n'en savons rien ! Dans une épidémie de peste, c'est quelquefois au moment où la maladie frappe avec le plus de fureur et semble devoir étendre encore ses ravages, que soudain l'accalmie se produit. Il faut bien le reconnaître, c'est une terrible peste morale qui sévit actuellement sur notre pays.

— Vilaine maladie ! grommela le citoyen Picolet, et joli pays à l'heure qu'il est !

— Eh ! mon Dieu, reprit dom Poirier, la belle et douce France des grandes époques est toujours là ; elle se retrouvera, allez. Il est vrai que, pour le moment, ses habitants sont à peu près tous malades, à peu près tous atteints, à des degrés différents, par l'épidémie actuelle. Chez les uns, elle se manifeste par un délirium furieux qui les porte, hélas ! aux plus effroyables atrocités ; chez d'autres, c'est une simple perversion de l'entendement et du sens moral, qui change le blanc en noir et le noir en blanc, qui leur fait trouver belles et louables les plus criminelles actions et les mène à trouver tout simples les sanglants sacrifices journaliers sur l'autel de la guillotine... Roi, reine, princesses, grands seigneurs, grandes dames, généraux illustres, évêques vénérables, prêtres, religieux, tout y passe, et nos malades applaudissent, eux qui à l'état sain eussent, avant l'invasion de la maladie, en 88, si vous voulez, eussent pour la plupart frémi d'horreur à la seule pensée de ces crimes !... Je dois dire aussi que chez d'autres la maladie se manifeste d'une tout autre façon, par une ardeur de dévouement ou par une exaspération des sentiments militaires d'un vieux sang guerrier, par un besoin de mouvement, de coups à donner ou à recevoir, et ceux-là, au lieu de traîner la pique aux spectacles de la place de la Révolution ou de pérorer dans les clubs, s'en vont à l'armée, aux batailles de la frontière...

— N'importe, drôle de maladie, fit Valferrand, que votre maladie républicaine; je trouve, moi, qu'elle frappe surtout ceux qui n'en sont pas atteints... et assez durement, là sur le cou, jusqu'à ce que la tête tombe!

— Ne nous décourageons pas. Tâchons, messieurs, d'attendre intacts — dom Poirier frappa sur le cou du citoyen Picolet — et sains, que la maladie entre en décroissance et finisse comme elle doit forcément finir! Tâchons de durer, la bibliothèque et nous, plus longtemps qu'elle, tout est là. Voyons, du nerf, sapristi! et travaillons quand même... Et que faites-vous aujourd'hui, cher monsieur Bigard?

— Pas grand'chose, citoyen Poirier; hélas! à quel libraire pourrais-je proposer maintenant mes *Recherches sur les seigneuries religieuses de l'Ile-de-France depuis la première race de nos rois?* je vous le demande? un travail, hélas! commencé en 87...

— Et vous, monsieur de Valferrand, taquinez-vous toujours la muse frivole, continuez-vous votre *Histoire sainte en énigmes, charades et logogriphes?*

— Chut! fit Valferrand, voulez-vous me faire guillotiner? D'ailleurs le libraire qui m'avait demandé cet ouvrage s'est fait sans-culotte; il m'a proposé quelque chose plus dans le goût du jour: l'*Histoire des bons bougres de citoyens romains mise en charades et logogriphes pour la récréation des jeunes sans-culottes...* Et j'y travaille! Ne me blâmez pas, mes bons amis, mes premières pièces ont obtenu un certain succès et m'ont valu mon brevet de bon citoyen, c'est-à-dire cette carte de civisme sans l'obtention de laquelle j'aurais très bien pu faire partie d'une fournée de suspects!... Mais vous, citoyen Poirier, vos travaux?

— Vont cahin-caha. Au milieu de tous ces déplorables événements, mon cher chevalier, mon *Histoire des Conciles* n'avance que bien faiblement... toutes les perquisitions faites à l'Abbaye, les inventaires, recolements, bouleversements et déménagements m'ont un peu dérangé mes documents... Je m'y retrouve difficilement et le travail en souffre... Ce n'est pas comme notre ami Caïus-Gracchus Picolet, travailleur inébranlable, qu'un tremblement de terre ne dérangerait pas et qui, si la fin du monde survenait, ne poserait la plume qu'à l'appel de son nom dans la vallée de Josaphat, si encore il ne demandait pas au Père Éternel de le laisser emporter ses papiers et sa table de travail au Purgatoire, pour s'occuper pendant les quinze cent mille ans de gehenne qu'il aura certainement à y subir, s'il a le cœur de continuer, comme il le fait au milieu de nos terreurs, à colliger imperturbablement toute sorte de poésies rudes et barbares...

— Poésies rudes et barbares! s'ecria Picolet sautant sur sa chaise. Parlez plus respectueusement, s'il vous plaît, ci-devant moine, des œuvres de nos vieux poètes! Attendez un peu que je vous lise ceci et vous allez rétracter vos blasphèmes!

—-Non! non! dites-nous plutôt où vous en êtes de votre grand travail?

— Mes *Origines de la poésie française* avancent plus vite que votre *Histoire des Conciles*, monsieur le bénédictin distrait par les rumeurs de la place publique! J'entame le treizième volume, et il y en aura seize!

— Seize volumes! s'écrièrent Bigard et Valferrand; et vous avez trouvé, à l'heure actuelle, un libraire pour seize volumes sur les origines de la...

— C'est-à-dire que j'en avais un, fit tristement Picolet, mais M. de Robespierre me l'a guillotiné!... En trouverai-je jamais un autre?

— Hum!

— Et il me faut bien encore deux ans pour mener mon œuvre à bonne fin.. je pourrai aller jusque-là, quelques centaines de livres en or me restent de mon petit patrimoine... Mais après, dame!... En attendant, je suis tout à la joie; tenez, voyez, admirez la trouvaille que j'ai faite en notre bonne vieille bibliothèque... Et dire que vous ne connaissiez pas ça, vous, citoyen bibliothécaire; c'est honteux, vous ignoriez votre richesse!

Le citoyen Picolet tira d'un carton un volume à la reliure en assez mauvais état.

— Hein! fit-il, ces moines! parce qu'il n'est pas question là-dedans des actes des saints ni des décisions des conciles, ils se montrent bien peu soigneux... Regardez-moi ceci, un manuscrit précieux qui moisissait avec bien d'autres au fond d'un vieux bahut!... Savez-vous ce que c'est? un manuscrit sur parchemin, 228 feuillets, enrichi de 24 grandes miniatures et de nombreuses lettres ornées... Remarquable déjà à première vue, n'est-ce pas? Et quand vous allez connaître le sujet, donc!... *Le Romant de la Pucelle*, tout simplement un poème sur Jeanne d'Arc, par frère Jehan Morin, moine cordelier de Compiègne, poème daté de 1435, c'est-à-dire peu après la mort de Jeanne, transcrit et enluminé en 1439 pour S. A. le duc Philippe de Bourgogne, par Perrin Flamel, écrivain et bourgeois de Paris, en la paroisse Saint-Jacques-la-Boucherie, probablement un fils de Nicolas Flamel! Que dites-vous de cela? Sept mille vers sur Jeanne d'Arc par un de ses contemporains!!!... Et cela moisissait dans un coin comme un rebut de bibliothèque! Ouvrez au hasard et voyez :

> Lors print l'etendard en main la Pucelle
> D'un pas rejoint les soudards du fosse
> Juste devers porte Saint-Honore,
> Criant : Boute avant, soudards, à l'echelle!
> Par Dieu et roy, ferrez, prise est la ville!
> Un ribaud d'Anglais de cette bastille
> Vilainement d'un trait de crennequin
> Navra...

IV

La porte de la bibliothèque, s'ouvrant tout à coup, interrompit l'heureux Picolet tout fier de sa découverte. Chacun se retourna brusquement. C'était plus que rare, une visite ; par ces temps-ci, qui pouvait encore venir à la bibliothèque ? A la surprise succéda l'inquiétude. Le visiteur était un sergent de sectionnaires, le chef du poste à la grille de la rue de Furstemberg, celui qui, tout à l'heure, à l'arrivée de Valferrand et de Bigard, avait déblatéré contre les conciliabules de ces gueux d'aristocrates. Le bonnet rouge enfoncé sur les oreilles, la carmagnole déboutonnée laissant voir les crosses de deux pistolets et la poignée d'un grand sabre, le sergent s'avança laissant derrière lui la porte ouverte, ce qui permit à dom Poirier d'apercevoir quelques têtes de sans-culottes restés sur le palier.

— Que désires-tu, citoyen ? demanda dom Poirier allant au-devant de lui.

— C'est toi qu'es le ci-devant calotin ? dit le sergent.

— Nous nous connaissons en qualité de voisins, c'est toi qui es le ci-devant ferblantier de la rue de l'Echaudé ? riposta dom Poirier.

— Je le suis toujours, dit le sergent.

— Ah ! je croyais, comme je te rencontre toujours le sabre au côté, avec tes hommes, je pensais que tu consacrais maintenant tout ton temps à la nation... mais, passons, qu'y a-t-il pour ton service ?

— Voilà, nous sommes en bas quelques bons patriotes chargés de veiller aux intérêts de la nation et d'ouvrir l'œil aux menées des aristocrates ; et pour nous distraire au poste, en dehors des heures de faction, bien entendu, je viens te demander quelques bouquins de la bibliothèque des calotins... mais des bons, s'il y en a, et avec des images pour ceux qui ne savent pas lire...

— J'en suis désolé, citoyen sergent, mais je ne puis satisfaire à ta demande ; mes bouquins, comme tu dis, ne doivent pas sortir d'ici.

— Tu refuses ? alors je réquisitionne !

— As-tu un ordre de réquisition ?

— Le v'là ! dit le sergent en frappant sur son sabre.

— Je ne le reconnais pas, répondit froidement dom Poirier, et je te réponds que je vais me plaindre à la Commune... Moi aussi je monte la garde ici pour la nation, à qui ces livres appartiennent, et personne n'y touchera tant que je ne serai pas relevé régulièrement de mes fonctions de gardien... Songes-y bien, citoyen sergent, avant de persister ! Tentative de dilapidation des biens de la nation, avec emploi de la force, c'est grave, ça peut mener loin par le temps qui court...

— Pas si loin que l'endroit où je te conduirai toi-même incessamment, citoyen calotin! c'est-à-dire éternuer dans le panier à Sanson... Tu lui demanderas aussi à vérifier son ordre de réquisition a celui-là... C'est bon! c'est bon! grommela le sergent, on s'en souviendra, et on saura engager la Commune à vous surveiller tous d'un peu plus près...

Le sergent gagna en grondant la porte où l'attendaient ses acolytes. Bigard et Valferrand, effrayés, s'étaient peu à peu discrètement reculés jusque dans le coin le plus obscur de la salle et cherchaient à se dissimuler derrière des tables.

— Nous avions bien besoin de venir aujourd'hui, dit tout bas Valferrand; il est dangereux de se rappeler au souvenir de ces gens-là...

— Oui, glissa Bigard, le nez enfoui dans un grand carton, comment filer maintenant sans nous compromettre davantage?

Le sergent n'avait fait qu'une fausse sortie, il repassa un instant la tête par la porte:

— Dis donc, gardien des bouquins des ci-devant moines de la ci-devant Abbaye, en attendant que tu ailles faire la révérence place de la Révolution, cherche-nous donc ce qu'il y a de meilleur ici pour la fabrication des cartouches et des gargousses; en plus des bouquins, vous avez des tas de vieux papiers et parchemins qui feront bien l'affaire... Je vais proposer l'ouverture d'un atelier, on va faire en bas de la poudre pour la nation et tu vas nous donner les fournitures pour les cartouches... Ça te va-t-il, citoyen curé?

Le paisible Picolet, pendant l'altercation, avait glissé le précieux *Romant de la Pucelle* dans son gilet et boutonné sa houppelande par-dessus. La colère lui montait à la tête, sa figure prenait des rougeurs de tomate. A cette flèche du Parthe lancée par le sergent, il n'y put tenir et se leva d'un bond:

— Brute! s'écria-t-il en saisissant un lourd encrier de plomb pour le lancer à la tête du sans-culotte.

Dom Poirier, qui avait conservé tout son calme, lui retint heureusement le bras.

— Du sang-froid, ne gâtons pas les choses davantage! lui souffla-t-il à l'oreille en le renfonçant sur sa chaise, et votre poème en huit mille vers... et votre treizième volume, malheureux !

— De quoi ? Qu'est-ce qu'il a dit, celui-là ?

— Il a dit... il a dit : Brutus ! répondit dom Poirier en riant, c'est le nom d'un républicain romain, d'un parfait sans-culotte qui n'aimait pas les tyrans plus que toi, brave sergent !...

— Bon, bon ! on s'informera... et dans tous les cas on a l'œil sur toi et sur ce pierrot d'aristocrate... Patience !

V

Le ferblantier sans-culotte en fut pour ses menaces et ses dénonciations. La Commune et la Convention, fort occupées ailleurs, n'eurent pas le temps de songer à ce dernier bénédictin de Saint-Germain-des-Prés, resté à son poste d'honneur et montant sa garde à la bibliothèque, avec le bouillant Picolet pour adjoint volontaire. Le treizième volume de ce dernier avançait, et entre temps il s'occupait de faire une bonne copie du précieux *Romant de la Pucelle*, de Jehan Morin. Quant aux citoyens Bigard et Valferrand, ils n'avaient pas eu le courage de revenir ; cachés dans leurs trous, l'un continuait à engraisser par défaut d'exercice, et l'autre à maigrir par excès de bile.

Le sergent de sectionnaires, après une petite ribote à la santé de la nation, s'étant disputé et même un peu empoigné aux cheveux avec sa femme, avait pris le parti de s'enrôler. Mais, après avoir été absent une quinzaine, il était revenu dégoûté de l'armée, dont les chefs ne lui paraissaient pas suffisamment purs en sans-culottisme. Cette aventure lui avait cependant fait perdre de son influence dans la section, et il parlait maintenant beaucoup moins haut.

La bibliothèque et le bibliothécaire, pendant qu'autour d'eux le drame continuait de dérouler ses péripéties sanglantes, demeuraient donc assez tranquilles, à part cela que des tonneaux de soufre, de salpêtre et de poudre s'entassaient dans leur voisinage immédiat, dans les caves de l'Abbaye et dans l'ancien réfectoire des moines.

— C'est un volcan, un vrai volcan qu'on nous prépare là, sous nos pieds, pour nous envoyer porter aux autres planètes des nouvelles de la grande régénération de la race française par les guillotinades, fusillades, noyades et autres douceurs ! disait chaque matin le citoyen Picolet en arrivant à la bibliothèque. Sentez-vous, citoyen Poirier, comme je sens le soufre, rien que pour avoir frôlé les bâtiments d'en bas...

— J'y suis fait, répondait dom Poirier ; mais, bah ! ça ne durera pas toujours...

— Certainement, mais je me demande qu'est-ce qui nous arrivera plus vite, la fin de...

— Chut ! ou je vous dénonce comme soupçonné d'être entaché de sentiments contre-révolutionnaires.

— Ou l'éruption de notre volcan !

— Patientons !

— Et attendons-nous à tout, dit Picolet ; probablement, ce sera l'éruption qui surviendra la première... Je me ruine cependant pour essayer de lutter, je distribue des tabatières et je chante l'excellence du tabac à priser aux hommes de garde, qui ne se gênent pas pour traverser les cours la pipe à la bouche, et j'offre des sabots à des ouvriers qui arrivent ici avec des souliers à clous. Mais je ne peux pas retarder de beaucoup la catastrophe... Pourvu seulement que j'aie le temps de terminer ma copie du *Romant de la Pucelle*, pour le mettre en sûreté chez moi...

Un jour, le 2 fructidor an II, il achevait à peine son antienne habituelle et prenait place devant son manuscrit, lorsque tout à coup une forte détonation éclata dans la cour, suivie aussitôt de cris terribles. Picolet eut le temps de regarder dom Poirier et de se caler sur sa chaise en faisant le gros dos ; dom Poirier, au contraire, bondit... Puis le sol trembla, une formidable commotion jeta les deux hommes par terre, sous des débris de fenêtres et des tas de livres écroulés, pendant qu'une explosion, semblable au fracas de mille pièces de canon tonnant ensemble, lançait en l'air le réfectoire des moines, renversait et triturait les bâtiments voisins, dans un tourbillon de flammes et de fumée au milieu desquelles retombaient des poutres, des pierres, des fragments de corps humains et des débris de toute sorte !

... Dom Poirier et le citoyen Picolet se retrouvèrent tous les deux assis par terre en face l'un de l'autre, sur un amas de décombres, dans leur salle bouleversée, murs disjoints, fenêtres arrachées, vitrines écroulées, tables brisées... Un instant de silence presque aussi terrible que le bruit suivit l'explosion, puis des cris effroyables s'élevèrent parmi des fracas d'écroulements. Les deux hommes se regardaient, les mains sur les oreilles, en proie à une sorte de stupeur. Dom Poirier se releva le premier avec peine et comme s'il avait tous les membres disloqués ; une fois debout, il aida Picolet à se remettre sur ses jambes et à se frotter.

— Eh bien, ça y est !... Rien de cassé ?

— Non, rien, mais je suis roussi !...

— Vite, le feu ! Tout brûle autour de nous ! Descendons s'il y a encore un escalier...

— Attendez, mes manuscrits, mon *Romant de la Pucelle!*... Misère! où est la table? mon pupitre? tout est brisé!

— Voyez dans le tas, là-bas, moi je vais tâcher de sauver quelques manuscrits précieux que j'avais mis de côté pour les avoir sous la main en cas d'alerte... mais les retrouverai-je dans ces décombres?...

— Mon *Romant de la Pucelle*, mille millions de têtes de jacobin!... hurla Picolet effaré, empoignant les livres écroulés par brassées.

— Aux manuscrits! cria dom Poirier, et vite, j'entends ronfler les flammes...

...Quand on put pénétrer dans la cour  où flambaient les bâtiments, où le vieux réfectoire, splendide pendant de la Sainte-Chapelle du Palais, semblait une fournaise d'enfer sur laquelle des fragments de son magnifique fenestrage dessinaient des ogives noires, des trèfles et des quatre-feuilles, on trouva les deux hommes, les cheveux grillés, le visage noirci, les habits déchirés, en train de transporter par l'escalier que menaçaient les flammes des brassées de manuscrits qu'ils couraient tout simplement jeter dans une cave, sous une portion de bâtiment que l'incendie ne semblait pas menacer encore.

La lutte s'organisa contre la flamme à qui l'on tentait de faire sa part en pratiquant des coupures dans les grands corps de logis ; une véritable foule envahit l'Abbaye, gens du quartier, sectionnaires, soldats, gendarmes. Des braves gens, sous la menace des écroulements, travaillaient avec ardeur, pendant que des sauveteurs équivoques se répandaient un peu partout, cherchant quelque chose à sauver — ou à emporter.

Dom Poirier, avec l'aide de quelques gardes nationaux arrivés des premiers, avait pu organiser une espèce de chaîne, lui à la tête dans les salles, et Picolet à la queue dans les caves, et les manuscrits, les cartons de documents précieux passaient de main en main pour aller s'empiler dans leur abri provisoire. Mais bientôt le désordre se mit dans la chaîne, des bousculades s'ensuivirent, les manuscrits furent jetés n'importe où, mouillés par l'eau des pompes ou emportés par des citoyens sans scrupules, pendant que Picolet, ne voyant plus rien venir, s'arrachait les cheveux.

Ainsi dans les flammes, comme au temps des Normands, acheva de périr l'antique et vénérable Abbaye. Mais elle ne devait pas ressusciter comme jadis ; les dernières braises éteintes, les ruines subsistèrent quelque temps, œuvre lamentable de quelques heures, puis on acheva la destruction, on renversa les ruines, on rasa les débris et tout fut dit...

De la malheureuse bibliothèque il n'y eut de sauvé que ce qui fut

emporté par les voleurs pour être vendu à vil prix, ou entassé dans les caves par les deux sauveteurs. Des montagnes de manuscrits et de papiers, de cartons éventrés, de rouleaux écrasés, de parchemins souillés, remplissaient ces vieilles caves jusqu'à la hauteur des piliers trapus supportant les voûtes. Là, dans l'obscurité pesante, dans les flaques d'eau envoyées par les pompes, dans la moisissure, les deux courageux sauveteurs s'installèrent pour compléter leur œuvre, reconnaître, mettre en ordre et à l'abri les richesses jetées là, — au péril de l'humidité, maintenant, après le péril des flammes. Ils passèrent six mois à ce travail, à soigner, pour ainsi dire, les pauvres manuscrits; six mois dans cette cave, à défaut d'un autre asile qu'on n'en finissait pas de leur donner; six mois sous les voûtes glaciales, à disputer aux rats les précieuses reliques du passé; six mois à souffler dans leurs doigts et à sentir les rhumatismes les mordre et la maladie s'infiltrer dans leur chair et dans leurs os, et le froid linceul de la mort s'abattre sur leurs épaules !

Hélas! le pauvre Picolet, héros malheureux, manqua un matin pour la première fois depuis 1756 à la bibliothèque de l'Abbaye. Dom Poirier l'attendit vainement : il venait d'entrer à l'Hôtel-Dieu avec une pleurésie, pour y mourir, gémissant surtout de la perte du *Romant de la Pucelle*, à jamais disparu, réduit en cendres comme la Pucelle elle-même.

Et dom Poirier resta seul.

Bien d'autres débris de la bibliothèque, arrachés aux flammes, n'en avaient pas moins été perdus. Longtemps encore après l'incendie, les épiciers du quartier se fournirent à bon compte de cornets pour leurs denrées, et l'on vit même des marchands de vieux papiers vendre, au poids, des tas de manuscrits parfois ornés d'enluminures, des piles de vieux parchemins, des chartes pourvues de leurs grands cachets de cire pendant au bout des cordons. Des collectionneurs anglais ou hollandais, qui se créaient alors des musées à bon compte, avec les épaves des palais, des couvents et des hôtels seigneuriaux, dans la si lamentable liquidation de la vieille France, purent trouver ainsi bon nombre de manuscrits uniques ou des pièces du plus grand intérêt historique, aux tas à deux liards ou un sol la livre.

L'ENFER DU CHEVALIER DE KERHANY

ETUDE D'EROTO-BIBLIOMANIE

L'ENFER DU CHEVALIER DE KERHANY

ÉTUDE D'ÉROTO-BIBLIOMANIE

Ubi turpia non solum delectant,
sed etiam placent.   SÉNÈQUE.

SOUVENT je le rencontrais chez les grands libraires de la rive gauche, parlant sobrement, dans une note basse, fatiguée, presque enrouée, avec une allure étrange et cet air de gêne et de discrétion que l'on prête aux conspirateurs. — Il semblait, devant un tiers, vouloir s'effacer, et, s'il exprimait ses désirs au bibliopole, ce n'était que d'une façon indécise et inquiète, lançant des phrases indéterminées, brèves, pleines d'une autorité craintive : « Trouvez-moi la chose en question », disait-il, avec un ton effarouché, ou bien : « N'oubliez pas, en grâce, ce que vous savez ; il me le faut coûte que coûte ; mais n'allez pas trop m'écorcher cependant..., hein ! — je repasserai bientôt. »

Je ne sais quel vague caprice me poussait à connaître ce Bibliomane bizarre, musqué, enveloppé de mystère ; je pensais que cet être singulier n'était pas, à coup sûr, le premier venu ; sa physionomie seule m'intriguait particulièrement, et sous la sénilité vainement dissimulée de sa démarche, je pressentais un Bibliophile d'une race à part.

Grand, droit, corseté dans une longue houppelande lui tombant aux talons : le soulier mince, effilé, découvrant le bas de soie, le visage rasé, maquillé, poudrederizé, les cheveux frisés et pommadés, le monocle d'or dans l'orbite droite, relevant la paupière affaissée sur un œil éteint ; le chapeau incliné sur l'oreille, la cigarette aux dents et le stick en main, il me rappelait, dans la pénombre du souvenir, cet admirable type de vieux beau, si magistralement crayonné par Gavarni, avec cette légende spirituelle et réaliste : « *Mauvais sujet qui pourrait être son propre grand-père.* »

A peine arrivait-il dans une librairie, qu'il jetait un regard apeuré tout alentour ; si une dame s'y tenait, assise au comptoir, il semblait agité, nerveux, vivement préoccupé ; son malaise se manifestait par des mouvements d'impatience accentués et des tics involontaires qui brisaient, en l'écaillant, l'épaisse couche de fard étendue sur ses joues. — On devinait qu'il eût voulu être seul, dans une causerie d'homme à homme ; aussi ne disait-il au libraire que ces simples paroles : « L'avez-vous ? — Non, répondait-on. — Pensez-y, n'est-ce pas ? » reprenait-il avec découragement, et il se retirait. — Un coupé de couleur claire, tendu à l'intérieur de lampas rose broché d'argent, l'attendait à la porte ; notre Bibliophile marquis de Carabas y montait ; la portière se refermait, et le cocher poudré à frimas avait à peine fouetté l'alezan

qui piaffait, que l'attelage déjà disparaissait au loin. C'était une vision.

J'appris qu'il se nommait le Chevalier Kerhany ; il vivait, me dit-on, assez joyeusement avec les dames, mais demeurait fort réservé et d'humeur misanthropique avec ses semblables. Il recevait peu chez lui et toujours avec une sorte de méfiance instinctive ; on racontait que son intérieur était d'un luxe inouï et que la folie y agitait ses grelots dans des orgies dignes de Tibère ; il se donnait en son *home,* au dire de chacun, des petits soupers à faire ressusciter de plaisir tous les roués de la Régence ;

personne néanmoins ne se vantait d'y avoir assisté, car tout cela sentait fort le roussi. — De fait, le Chevalier était assez demi-mondain, il se rendait de temps à autre au Bois, et, les soirs d'Opéra, il stationnait des heures entières au foyer de la danse. — Les déesses de l'entrechat l'entouraient, le noyaient dans des flots de gaze bouffante, lui lançant des pointes grivoises qui avivaient le feu libertin de son regard de faune, tandis que debout, dans une pose à la Richelieu, il se plaisait à distribuer à ces terribles petits museaux de rats à l'ambre les pastilles de sa tabatière ou les sucreries variées dont ses poches étaient toujours pleines.

Ces détails étaient faits plutôt pour attiser que pour calmer ma puissante curiosité à son sujet ; je résolus de suivre le précepte des stoïciens, le fameux *Sequere Deum*. Je m'aperçus en effet que le destin sait nous guider, car, en cette occasion, il ne tarda à me servir à souhait.

II

Je me trouvais un soir dans une de ces grandes fêtes parisiennes, brillantes et tapageuses, chez une artiste célèbre où un de mes amis m'avait conduit. — Presque abandonné dans un petit salon d'un rococo exquis, tout parfumé de couleur locale, renversé dans une quiétude parfaite sur le coussin d'un divan japonais, je me laissais bercer par une valse languissante, dont les accents m'arrivaient affaiblis, comme tamisés par le lointain et les lourdes tentures ; tout en regardant avec distraction un plafond délicieusement composé dans le goût de Baudoin, j'avais presque perdu la notion du lieu où j'étais céans, lorsque, tout à coup, près de moi, sur le même divan, dodelinant de la tête et marquant du bout de sa bottine vernie le rythme de la danse, je vis, dans l'élégance du frac, le gardénia à la boutonnière, le plastron de chemise tout chargé de diamants, mon mystérieux Bibliomane, le Chevalier Kerbany, qui paraissait, lui aussi, fort peu s'inquiéter de ma présence. — Je ne me demandai pas comment il était venu là sans que je l'entendisse approcher ; je pensai de suite que l'occasion me frôlant de son unique cheveu, je devais le saisir en toute hâte et m'y cramponner ; aussi, toussant légèrement pour éveiller son attention et mieux affermir ma voix :

— Quelle voluptueuse et adorable chose que la valse allemande ! murmurai-je, afin d'engager la conversation.

— Adorable ! adorable ! dit-il simplement, sans abandonner son laisser-aller de tête et de bottine.

— Il n'y a que Strauss de Vienne, repris-je, pour concevoir et écrire ces motifs entraînants, vifs, colorés, qui fouettent le sang, qui empoignent et font passer un chaud frisson du cœur aux jambes.

— Il n'y a que Strauss, en effet, soupira-t-il comme se parlant à lui-même ;... cependant Gungl's.

— Ah ! Gungl's, fis-je, charmant compositeur. — *Le Rêve sur l'Océan* est une œuvre tournoyante d'harmonie.

— Tournoyante d'harmonie ; oui, pirouettante d'harmonie, me répondit-il avec laconisme, comme fâché d'avoir à me parler.

— Il y eut un silence ; — mon voisin de divan, renversé en arrière, avec une moue d'ennui, sifflotait une sorte de menuet. — Je ne perdis pas courage et fis un nouvel effort :

— Si belle que soit la valse de perfection moderne, hasardai-je, elle ne laisse pas de faire regretter très vivement aux délicats ces mélodies du xviii siècle, mélancoliques, naïves et simples, si séduisantes par le caractère, si pénétrantes de pensée et si gracieuses, bien que fluettes de style.

Il souriait, semblant m'écouter avec plaisir et même m'approuver. — Je continuai :

— Est-il rien de comparable aux Quintettes de Mozart, aux Gavottes

de Rameau, aux Menuets de Boccherini et de Reicha, aux Symphonies de Haydn et de Beethoven, aux Préludes, aux Rondos, Duos, Quatuors, aux Concertos, aux Thèmes variés composés vers 1725, et plus tard par tant de charmants musiciens aujourd'hui ignorés pour la plupart?

— Et les airs pour fifre! et les douces romances! et les motifs pour clavecin! fit le Chevalier en se redressant subitement; les motifs pour clavecin, Monsieur, que de verve amoureuse! que de charmes alambiqués! que de légèreté et en même temps que de nonchalance! Hélas! le piano rend mal toutes ces jolies choses, et je préférerais mille fois les voir exécuter sur le clavier de quelque grêle et chevrotante Épinette que sur le meilleur Pleyel du monde.

— Sans compter, dis-je, faisant brusquement diversion à la conversation, sans compter que les Clavecins étaient des meubles ravissants, décorés avec un art incomparable par des artistes sensualistes tels que Boucher, Pater, Lancret, Watteau...

— Ajoutez Fragonard, reprit mon interlocuteur avec passion, Fragonard, ce peintre divin des lubricités folles, des voluptés égrillardes et spirituelles, Fragonard qui connaissait si profondément la science du nu et des décolletés piquants, Fragonard, ce Grécourt de la peinture : ajoutez Fragonard : je possède un clavecin, un bijou, sur lequel il a tracé des scènes adorables, de charmants camaïeux signés de son nom.

— Je n'ai qu'une toute petite toile de ce maître, osai-je dire modestement, mais c'est une œuvre si blonde de ton, si mignarde dans son déshabillé, si étonnante de facture, si parfaite d'ensemble, et enfin si grivoise de composition, que je la tiens pour une merveille véritable.

— Le sujet, quel est le sujet ? me demanda le Chevalier hors de lui, possédé d'une furieuse curiosité à l'idée de grivoiserie du tableau. — Quel en est le sujet, je vous prie ?

— Le sujet, mon Dieu, cela est très délicat, répondis-je lentement ; vous avez lu Brantôme, n'est-il pas vrai ?

— Ses *Dames galantes* sont pour moi un véritable bréviaire.

— Alors, repris-je, après ce cynique aveu d'impiété, vous y avez vu décrit le sujet de mon Fragonard, dans le *Discours premier;* vous l'avez lu dans la cent dix-neuvième épigramme de Martial, livre I, qui se termine par ce vers :

Hic ubi vir non est, ut sit adulterium.

Vous l'avez lu dans Lucien, dans Juvénal; enfin mon tableau représente des *fricatrices,* d'aimables lesbiennes, *Donna con Donna.*

LA COURTISANE AUX ENFERS

La figure du Chevalier Kerhany était bouleversée; ses yeux demi-morts avaient repris un éclat surprenant; ses lèvres s'agitaient d'étonnement, et une légère sueur ravinait son visage.

— Vous avez un tel tableau de Fragonnard! exclamait-il avec admiration; un sujet si bien traité par un tel maître, — que ce doit être piquant, espiègle, délicatement compris!

Il s'approchait plus près, me demandant des détails; il insistait sur les moindres choses, et dans l'ivresse de savoir et peut-être le désir de posséder plus tard, il m'accablait de prévenances.

Ayant voulu prendre par la curiosité cet érotomane effréné, j'avais touché juste; il avait bondi à la description d'un sujet érotique, et déjà il s'apprêtait à me réclamer de nouveaux renseignements sur l'origine de cette œuvre d'art, lorsque la foule inonda le petit salon dans lequel nous nous trouvions retirés; la valse venait de finir, le Chevalier fut enjuponné par quelques jolies femmes qui vinrent prendre place à ses côtés. — L'intimité était rompue.

Sur la fin de la soirée je le rencontrai, et, après un échange mutuel de politesses, il me remit sa carte en m'assurant du plaisir qu'il éprouverait à me faire bientôt les honneurs de sa Bibliothèque.

III

Quelques jours après, je sonnais à l'huis du Chevalier de Kerhany, dont l'hôtel était situé sur le boulevard Haussman; — un grand diable de laquais vêtu de panne écarlate vint m'ouvrir. — Je traversai d'abord une vaste pièce, sorte d'atrium décoré en style pompéien, où se trouvaient rangés des meubles romains de tous les genres; j'aperçus l'*accubitum*, le *biclinium*, le *triclinium*, orné de ses *plagula*, le *lectulus*, et même le *subselium*, le *seliquastrum*, le *scabellum* et autres sièges fidèlement copiés d'après l'antique. — Le Chevalier était visible; il se tenait dans un petit fumoir tendu de soie vieil or capitonnée de satin bleu. Il me reçut avec la plus grande cordialité, me félicitant de n'avoir pas craint de le déranger. Nous parlâmes art et littérature, ou plutôt femmes, car toute l'esthétique de mon Érotomane semblait se réunir et se résumer dans l'éternel féminin; il ne voyait la musique, la poésie, la peinture que dans un sens de corrélation voluptueuse qu'il se plaisait à établir malgré lui entre tous les chefs-d'œuvre et l'amour des filles d'Ève; — prenant chaque génie en particulier, il me montrait avec une verve passionnée que, dans les grandes manifestations de l'art, on pouvait répéter le mot d'un policier célèbre : *Cherchez la femme.* Il me parla du sexe charmant comme un habile général le ferait d'une forteresse dont il connaît les coins et recoins, exprimant avec grâce les différentes manières d'attaquer la citadelle, émettant des théories si audacieuses, que je ne pourrais, même en voilant mes phrases comme des femmes turques, les raconter ici. — Je fus entièrement séduit par ce vieil Anacréon; je croyais avoir en face de moi le célèbre Duc de Lauzun donnant des conseils à son petit-neveu, le Chevalier de Riom, tant il annonçait de connaissances approfondies et de crânerie passionnée dans les sujets délicats qu'il avait à traiter.

Cependant, si attrayante que fût la conversation, je ne tardai pas à réclamer du Chevalier Kerhany la faveur de visiter son musée. Il accéda avec la meilleure grâce à ma demande : — « C'est juste, c'est juste, me dit-il en souriant, je vous retiens ici avec mes billevesées. Passons, si vous le voulez bien, dans la galerie des maîtres. »

Je fus introduit dans une superbe salle éclairée par une vaste baie exposée au nord ; — étourdi un instant par la splendeur des cadres et l'orgie magistrale des couleurs, je ne tardai pas à me remettre, et je pus considérer à mon aise la plus remarquable collection particulière qu'il m'ait été donné de voir. — Il y avait là des Vélazquez et des Murillo, des Titien et des Andre del Sarte, des paysages éclatants de Ruysdaël, de Hobbema et du Poussin, des petites toiles adorables de Terburg, de Metzu, de Van Ostade, de Wouwermans, de Jean Steen, de Van der Meer; puis, dans un style plus large, des Rembrandt, des Rubens, des Jordaens, des Frans-Hals, des Ribera, des Gerard Dow, ainsi que des Antonello de Messine, des Guerchy, des Léonard de Vinci et des Paul Véronèse. — Il m'eût fallu des journées entières pour rassasier mon admiration ; il me faudrait des volumes pour exprimer les sensations que j'éprouvai. — Je m'arrachai cependant à cette feerie sublime pour faire remarquer à l'heureux propriétaire de tant de merveilles que l'art plus affadi des maîtres du xviiie siècle ne tenait aucune place dans sa galerie.

« Un moment, un moment, répondit-il, — ceci tuerait cela ; — suivez-moi, vous ne perdrez rien pour attendre, je suis ami de l'ordre dans mes désordres; suivez-moi, je vais, je l'espère, vous satisfaire. »

Le Chevalier souleva une portière ; nous nous trouvions alors dans une chambre octogone dont les boiseries blanches étaient sculptées de festons, de guirlandes et de couronnes relevées d'or mat; une glace immense remplaçait le plafond, et tout à l'entour de la pièce jusqu'à la cimaise étaient suspendus les tableaux du xviiie siècle. — C'étaient, en premier lieu, des portraits de Reynolds, de Gainsborough et des pastels de Latour; ensuite venaient Vanloo, Baudoin, Boucher, Lancret, Fragonnard, Largillière, Nattier, Dietrich, Le Barbier, L'Épicié et Boilly. — Ce qui donnait un caractère particulier à cette réunion de chefs-d'œuvre, c'était la nature même du choix des sujets : on ne voyait qu'un éblouissement de chairs roses, qu'un rut de peaux mates, de fossettes gracieuses ; qu'une débauche de postures allanguies et enivrantes, qu'une nuée d'amours polissons et rieurs dont les lèvres s'entre-baisaient. — La dépravation de tout un siècle s'étalait dans la lubricité de ces peintures, souriantes de luxure et aimablement vicieuses; les torses cambrés, lascifs, endiablés émergeaient des cadres, se reflétant dans la grande glace du plafond, tandis que les jambes velues des faunes et des sylvains, nerveuse-

ment gonflées d'un priapisme intense, semblaient distiller dans l'air une odeur âcre et virulente de bouc qui montait au cerveau.

Il y avait près d'une heure que je me trouvais là, ivre de tant de beautés entrevues, brisé, anéanti, dans un état de prostration impossible à décrire. Le Chevalier de Kerhany jouissait de ma surprise et de mon admiration passive, à force d'être surexcitée : « Eh bien ! jeune homme, me disait-il, eh bien ! mon ami, que dites-vous de mon xviiie siècle ? Ne croyez-vous pas que votre Fragonnard Saphique serait en fort belle compagnie dans mon modeste petit musée ? — Ce n'est pas tout, ajoutait-il, nous allons visiter ma Bibliothèque, qui compte, je le crois, certaines curiosités qui ne manqueront pas d'être de votre goût. — Mais... qu'avez-vous ? — on dirait que vous vous sentez mal ?

Je répondis furtivement, m'excusant de ne pouvoir visiter ce jour-là les livres de mon hôte; j'invoquai un rendez-vous pressant, et, remerciant le galant Chevalier, je sortis après avoir pris rendez-vous chez lui pour le lendemain à la même heure.

Le fait est que j'éprouvais un violent mal de tête et un malaise général; ce que j'avais vu m'avait transporté dans un monde idéal, loin du Paris moderne et de sa civilisation, loin du banal et du convenu odieux. Mon imagination s'était fatiguée dans une course échevelée à travers l'Eden de mes rêves, et ma cervelle dansait encore à soulever mon haute forme lorsque je me trouvai sur le boulevard.

Le Chevalier de Kerhany me paraissait, à cette heure, un magicien dangereux, une sorte de Méphistophélès régence qui s'était amusé à plaisir de mon enthousiasme juvénile. — Je lui en voulais presque de m'avoir promené un instant dans le verger des fruits défendus, car je ne voyais plus devant moi que les petites pommes d'api du jardin contemporain, c'est-à-dire des petites Parisiennes trop vêtues selon la mode, qui trottinaient allégrement, suivies par les faunes d'aujourd'hui, de gros boursiers enflés de bourse et de ventre, jouisseurs hâtifs, prêts à pénétrer dans le boudoir des Danaés sous la forme d'une pluie de pièces blanches.

IV

Le lendemain, à l'heure fixée, l'esprit plus calme et de sens plus rassis, je me trouvais chez le Chevalier, qui m'attendait dans sa Bibliothèque. Cette librairie était disposée dans un salon ovale; une fenêtre aux vitraux multicolores y distribuait le jour dans un prisme joyeux, et le soleil, tamisé par des losanges roses, jaunes ou bleus, semblait éclabousser les tapis d'Orient de reflets contrariés. Les parois de la pièce étaient entièrement rayonnées de planchettes de bois de rose, recouvertes de cuir de Russie, et ornées sur les rebords de coquets lambrequins de moire vert myrthe, dentelés et effrangés, dont l'élégance se joignait à l'avantage de préserver les livres de la poussière. Tout en haut, près de la corniche, sur le dernier rayon, dans un désordre charmant et fait pour le plaisir des yeux, des petites statuettes se montraient dans toute l'impudence de l'impudicité; c'étaient de sveltes Vénus n'ayant rien du rigide classique, des groupes de baigneuses affolées, des Sapho... avant l'amour de Phaon, des Narcisses pâles et blêmes, des Hercules puissants et aussi des suites de Phallus en bronze ayant l'esprit et le caractère singulier de ceux que l'on voit dans *le Musée Secret du Roi de Naples*. Je me croyais chez un juge d'instruction après la saisie de figurines portant atteinte à la morale publique, tant était chaude et déréglée la composition de cette statuaire unique. — La pièce n'avait pour tous meubles qu'un divan circulaire, large, profond, rebondi, habillé d'une épaisse étoffe des Indes ravissante de tons, sur laquelle étaient jetés des coussins nombreux et variés. Çà et là quelques X de Cèdre supportaient des cartons à estampes, et une table liseuse, aux pieds torses, à sabots d'or, occupait le centre de la salle. Au plafond, d'une rosace ayant la bizarrerie obscène de certaines gargouilles moyen âge, tombait un lustre de bronze d'une si effrayante lubricité qu'on l'eût dit ciselé par quelque Benvenuto Cellini atteint de satyriasis.

Cette Bibliothèque me parut renfermer près de deux mille volumes

dont je m'approchais déjà curieusement afin d'en parcourir les titres, lorsque, souriant et paternel, le Chevalier de Kerhany m'arrêta :

« Mon jeune ami, me dit-il doucement, cette bibliothèque est un enfer bibliographique dont je suis le Pluton égoïste; ici, j'ai donné rendez-vous à tous les affamés du vice, à tous les grotesques de libertinage, à tous les condamnés de l'indignation bourgeoise, aux conceptions maladives et honteuses des cerveaux surmenés de plaisirs. Peu de visiteurs ont franchi cette enceinte; quelques jolies pécheresses seules y ont traîné l'élégance de leurs pantoufles; et si une sympathie particulière me permet aujourd'hui de faire en votre faveur ce que je n'ai fait jusqu'alors pour aucun autre Bibliophile, votre érudition sage vous placera, je l'espère, au-dessus de vos sens; cependant, je crois devoir vous prévenir : réfléchissez comme si vous alliez prendre de l'opium pour la première fois de votre vie. — Mon coupé est en bas, venez-vous faire un tour de lac?

— Faites dételer, lui répondis-je en riant; je vais rendre visite à vos pestiférés.

— Dans ce cas, commencez par la droite, ajouta le Chevalier en m'indiquant les rayons les plus proches; ma Bibliothèque est graduée, — les incunables sont à gauche, à l'extrémité du lieu où vous vous trouvez; — je vous laisse seul ici, dans une heure je reviens vous prendre.

La première rangée des livres que j'ouvris formait ce qu'on pourrait appeler la série des anodins; c'étaient pour la plupart des romans ou contes piquants, écrits dans cette période voluptueuse comprise entre la Régence et la Révolution, des fantaisies Turques, Persanes ou Chinoises, de bonnes et inoffensives polissonneries imprimées à Cythère avec l'approbation de Vénus, à Érotopolis, à Cucuxopolis, ou au Palais Royal chez une petite Lolo, marchande de galanterie. Je vis *Grigri*; *Thémidore*; *le Noviciat du Marquis de *** ou l'apprenti devenu maître*; *les Œuvres galantes de Bordes*; *le Grelot*; *le Roman du Jour*; *le Sopha*; *le Tant pis pour lui ou les spectacles nocturnes*; les différents *Codes*: *Code de la Toilette*; *Code des Boudoirs*; *Code du Divorce*; *Code des Mœurs ou la Prostitution régénérée*; *Code de Cythère ou Lit de Justice d'Amour*; puis la *Bibliothèque des petits maîtres*, la Bibliothèque des *Bijoux* : *les Bijoux indiscrets*; *le Bijou des Demoiselles*, *les Bijoux des neuf Sœurs*; *le Bijou de Société ou l'Amusement des Grâces*; *les Bijoux des petits neveux d'Arétin* et autres; *les Caleçons des Coquettes du jour*, *les Calendriers de Cythère*, *l'Almanach cul à tête, ou étrennes à deux faces pour contenter tous les goûts*, ainsi qu'une foule d'œuvres scatologiques et d'*ana* orduriers.

Les volumes étaient reliés admirablement en maroquin plein, en veau uni ou agrémenté; chacun d'eux était orné de petits fers spéciaux, d'une composition fine et originale, quelquefois brutalement grossiers par esprit de couleur locale; ils étaient placés sur le dos, entre les nervures, en forme de culs-de-lampe ou frappés en plein maroquin sur le plat des volumes en guise d'armoiries. — Des gravures licencieuses étaient ajoutées aux passages les plus colorés des ouvrages auxquels elles convenaient; les gardes mêmes subissaient quelquefois l'effronterie d'un dessin graveleux, et je ne pouvais m'empêcher de songer que le livre de la plus chaste gauloiserie se fût trouvé impitoyablement transformé par l'érotomanie invétérée du Chevalier de Kerhany.

La Poésie gaillarde

Au fur et à mesure que j'inclinais vers la gauche, la gradation libertine s'accentuait; déjà j'avais franchi les poésies gaillardes: *la Muse folâtre; l'Élite des poésies héroïques et gaillardes de ce temps* (1670); *le Parnasse satyrique du sieur Théophile; le Cabinet satyrique;* les Œuvres de Corneille Blessebois; Dulaurens; *les Muses en belle humeur ou Élite des poésies libres; le Pucelage nageur; l'Anti-Moine; le Parnasse du XIXe siècle* et tous les ouvrages imprimés en Belgique, à Neufchâtel, à Freetown, avec eaux-fortes de Rops, auxquelles s'ajoutaient de nouvelles gravures. Déjà j'avais parcouru la majeure partie de la Bibliothèque et mes mains commençaient à trembler en ouvrant

La Poésie badine

chaque livre qui s'offrait à moi; les petits fers prenaient des allures cyniques et effrayantes; j'eus peur de ne pas arriver au but, et j'abandonnai quelques centaines de volumes pour atteindre l'extrême gauche.

Je me trouvais bien en effet parmi les incunables, comme me l'avait dit le Chevalier; c'était à l'extrême gauche, le suprême du genre. le *nec plus ultra* de la dépravation et à la fois du luxe artistique des livres et des gravures;

les Œuvres badines d'Alexis Piron touchaient l'Amour en Vingt Leçons et le *Meursius François*; l'Arétin y était représenté par le *Recueil de postures érotiques* d'après les gravures à l'eau-forte d'Annibal Carrache; par l'*Alcibiade Fanciullo à Scola*; par l'*Arétin français* et par le livre dit: *Bibliothèque d'Arétin*; près du *Divus Arétinus*, je remarquai *Félicia ou Mes Fredaines*; *Monrose ou le Libertin par fatalité*; les *Monuments de la vie privée des Douze Césars* et les *Monuments du Culte secret des Dames Romaines*; plus loin, je vis *Justine ou les Malheurs de la vertu*; *Cléontine ou la Fille malheureuse*; *Juliette ou la suite de Justine*; le *Portier des Chartreux*; la *France fout...*; la *Philosophie dans le Boudoir*; les *crimes de l'Amour ou le délire des Passions*; en un mot, toutes les œuvres folles du Marquis de Sade, en éditions originales, avec reliures à petits fers de torture. — J'allais me livrer au plaisir de regarder les manuscrits et les dessins originaux; je mettais la main sur l'un des trois exemplaires connus du *Recueil de la Popelinière*:

Tableaux des Mœurs du Temps dans les différents âges de la vie, 1 vol. grand in-quarto; j'admirais les vingt gouaches mignardement im-

LE TABLEAU DE FRAGONARD

LES FRICATRICES

Dont il est parlé dans ce conte, a été gravé en taille-douce

dans le format de cet ouvrage

TIRÉ A 300 EXEMPLAIRES

(Le cuivre détruit après tirage.)

Ces épreuves sont vendues à part chez l'éditeur,

la nature du sujet n'ayant pas permis de le divulguer en l'insérant

dans cette édition.

pudiques de Carême, la vignette des *nègres prosternés* lorsque le possesseur de cette étonnante rareté se présenta ·

« Ah! ah! s'écria-t-il, vous n'y allez pas à la légère, mon cher enfant; non seulement vous avez vu la droite, le centre droit, la gauche de mon cabinet, mais encore vous contemplez en vrai gourmet, en délicat amoureux de la chose, la merveille des merveilles, le plus rare de mes livres rares après l'*Anti-Justine* de Restif de La Bretonne. Savez-vous bien que la possession de mon *La Popelinière,* imprimé sous les yeux et par ordre de ce fermier général, m'a coûté environ dix ans de recherches, dix longues années de fatigues et de luttes et trois mille écus sonnants? »

— C'est à peu près le prix de mon Fragonard Lesbien, sans omettre les luttes et les fatigues, soupirai-je avec intention.

— Vous n'allez pas, je suppose, me proposer un échange?

— Qui sait? »

— Ne plaisantons point, interrompit avec un bienveillant sourire le bonhomme, sursautant à l'idée de se séparer de son ouvrage préféré; mon La Popelinière, voyez-vous, mon ami, ne sortira jamais, moi vivant, de ce cabinet. Ce livre a son histoire et ses parchemins. Bachaumont, qui, dans ses *Mémoires secrets,* a raconté le scandale de sa découverte par l'héritière du mari de Mimi Dancourt, l'estimait déjà plus de vingt mille écus tant en raison de sa rareté que pour la perfection des tableaux qu'il contient. Le roi Louis XV fit saisir cet exemplaire par l'entremise de M. de Saint-Florentin; il se plut à le regarder et à le lire en compagnie de cette délicieuse drôlesse qui eut nom la Du Barry; que de contacts illustres n'a-t-il pas subi depuis, et combien curieuse serait l'étude de ses pérégrinations jusqu'à l'heure où il fut retrouvé dans la fameuse cassette de fer des Tuileries !

De France, il passa en Russie; on le trouve catalogué parmi les livres précieux du prince Galitzin, en 1820, à Moscou; vendu à l'amiable sans avoir été exposé, il traversa la Manche, resta quelques années en Angleterre, revint à Paris chez le baron Jérôme P..., qui, pris de scrupules religieux sur ses vieux jours, me le céda enfin il y a déjà dix ans. Croyez-vous qu'on puisse se défaire d'un si glorieux aventurier?

— Cependant, hasardai-je, après vous?...

— Après moi, la fin du monde, comme disait le *Bien-Aimé!* Qu'importe le *post mortem!* Toute jouissance est viagère, je le sais, mais je sens que mes passions ne me quitteront point avant que je ne les abandonne, et cet ouvrage *superlatif* m'enchante plus que je ne le saurais dire. Ce n'est point tant les fines et voluptueuses gouaches *arétines,* ni les postures damnables des dernières compositions qui m'attachent à cet exemplaire unique, ce sont plutôt, vous ne le croirez pas, les tableaux de mœurs du début qui révèlent une si exquise pénétration du XIIIe siècle.

Mon imagination, lorsque je les regarde, part en bonne fortune vers ces temps défunts dont il me semble être le dernier roué survivant, car je me sens en exil de ce siècle poudré...; tenez, par exemple, regardez dans les premières pages ce tableau incomparable du *Parloir d'un couvent;* cela est convenable à tous points de vue, mais où trouver ailleurs un document aussi gracieux, aussi vivant, aussi typique! Citez-moi un peintre d'avant votre affreuse Révolution, un seul qui ait rendu aussi ingénieusement et fidèlement un coin de vie sociale. Il y a bien le coquet Pietro Longhi, le malicieux Vénitien, qui nous aide par ses peintures à interpréter Casanova de Seingalt; mais, en France, la mythologie de l'art semble avoir empêché la reproduction des milieux divers de la société élégante. — *Tableaux des mœurs du temps,* dit le titre, et il n'est point menteur. Je regarde parfois durant une heure entière quelques-unes de ces gouaches expressives. Je revois cette vie de couvent qui ne faisait que pimenter l'amour profane des recluses, et ce livre m'est d'autant plus précieux qu'il m'est comme une fenêtre ouverte sur ce divin xviiie siècle que, vous aussi, me semblez adorer pour tout ce qu'il contient d'humanité légère, souriante, et dont au demeurant la morale n'était point pire qu'en cette présente époque ennuyeuse et ennuyée.

Conservez donc votre tableau d'anandryne, mon ami, comme je conserve cet exemplaire de fermier général; venez le voir quand il vous plaira, et sans rancune, n'est-ce pas?

V.

Quelques jours plus tard, l'aimable chevalier de Kérhany se faisait annoncer dans ma modeste bibliotière dont il avait pris la peine de faire la pénible ascension à hauteur de grenier. Il m'apportait sous son bras une collection de vingt petits *Cazin* rarissimes, reliés en maroquin rouge, aux armes de la Pompadour.

Je fus, je l'avoue, touché de la démarche du vieux beau, plus encore que de son princier cadeau. Le bonhomme, sous ses ridicules apparents, dissimulait un esprit d'élite, une extraordinaire érudition, un cœur indulgent et généreux. Il avait réellement conservé cette jeunesse morale, impétueuse, qui s'enthousiasme et se prodigue au contact des beautés littéraires et artistiques, et il semblait se plaire dans mon humble garçonnière, alors éclairée sans obstacle par un radieux soleil de mai; il me demanda à voir le fameux tableau des *Deux amies* du divin Fragonard, bien en lumière à ce moment dans une pièce voisine; et quand il fut en présence de cette œuvre rose et ambrée, d'une volupté discrète, montrant l'une des deux pécheresses comme prostrée dans une reconnaissance de vaincue, son admiration n'eut plus de bornes; elle éclata en termes puissants, en gestes désordonnés :

— *Per dio,* que c'est beau ! Mais je n'ai rien vu d'aussi finement capiteux ! Cette brune adorable aux formes amenuisées, au sourire vainqueur, montre-t-elle assez la fierté de ses caresses meurtrières, et son attitude d'amante active, sûre de son art, n'est-elle pas supérieurement peinte, et avec quel esprit de facture que n'ont plus nos déplorables barbouilleurs modernes !... Et l'amie blonde, aux yeux mi-clos, railleurs, polissons, noyés de délices, ne dit-elle pas très languissamment en quelle agonie de plaisir elle s'effondre inerte, respirant à peine, la nuque brisée et les lèvres lubréfiées, scintillantes encore des baisers reçus et donnés?... Et vous avez trouvé cette toile capitale pour quelques louis, « sous crasse », il est vrai, chez un brocanteur du Marais ! Il faut vraiment que je vous aime bien, pour ne pas vous envoûter de mon envie la plus féroce... C'est du Fragonard quintessencié, vous m'entendez bien, du Fragonard amoureux, subtil, enjoué, du Fragonard de petite maison... du Fragonard *di primo cartello.* Ah! je gravirai souvent vos étages, mon ami, pour venir me repaître de nouveau de cette incomparable peinture des vierges du mal !...

. . . .

J'épargnai au chevalier de nouvelles ascensions. Le Fragonard lui était envoyé dès le lendemain matin, avec un billet très catégorique lui garantissant l'usufruit de ce tableau et qui le mettait en situation d'accepter le cadeau.

Il y a vingt ans de cela, hélas ! — Depuis lors, le pauvre vieux libertin s'en est allé faire la fatale enquête à laquelle nous sommes tous condamnés sur le paradis de Mahomet; il mourut un matin de novembre d'une incertaine maladie que d'indécis médecins étiquetèrent de noms différents et sans valeur : — la vérité, c'est qu'il était usé jusques à la trame et qu'il n'avait plus que faire ici-bas. Son testament me désignait pour héritier de son La Popelinière et de quelques autres de ses livres maudits; mais ma curiosité fut vite satisfaite; je conservai quelques années les précieuses reliques de ce pilier d'enfer, puis mon esthétique changea d'objet; mes goûts vagabonds ne s'accordaient plus avec la passion paisible et sédentaire des vrais bibliophiles. Mon cosmopolitisme épris de vie active, de plaisirs militants, d'idées générales, devint hostile aux habitudes casanières, et je me sentis peu à peu poussé, en regardant la carte du monde et la brièveté de la vie, à me défaire de mes livres et objets d'art. Le *Tableau des mœurs du temps,* cédé à l'amiable et *Sous le manteau,* fit partie d'un *Grenier* célèbre dans le monde des amis du bouquin;

il devint la propriété d'un *Toqué* mort tout récemment, et à la vente duquel il fut acquis par un riche amateur bordelais, qui le possède sans doute encore à l'heure actuelle.

Le tableau des *Fricatrices* eut un sort moins agité; il est aujourd'hui accroché dans l'artistique demeure d'un de mes vieux amis d'enfance, très épris d'art ancien et qui fait profession du goût le plus délicat. M. Émile R..., directeur d'un grand théâtre parisien, est le possesseur de cette saphique peinture qu'aucun musée public ne saurait exposer.

Livre et tableau, je l'avoue, ne m'ont point fait un grand vide; la vie de certains hommes est trop remplie d'événements, de sensations pour qu'ils puissent regretter profondément le départ des choses qui firent partie du décor de fond de leur jeunesse. La possession de tout bibelot cesse vite d'être une joie pour devenir une vanité superflue, mais je ne puis encore évoquer sans tristesse le souvenir du dernier roué de France, et l'ombre de cet inquiétant érotomane, le chevalier de Kérhany, se profile toujours en silhouette nettement accusée sur le transparent lumineux du passé. La mesquinerie et l'ignorance des hommes que l'on coudoie incessamment ne sert qu'à grandir dans notre esprit la valeur de ceux qui eurent le courage de leur originalité et qui s'en sont allés incompris, bafoués, ridiculisés par la multitude des imbéciles.

Pauvre chevalier! Pauvre vieux Céladon qui semblait échappé d'un roman d'Urfé revu et augmenté par de Sade!

LES ESTRENNES

DU POÈTE SCARRON

LES ESTRENNES
DU POÈTE SCARRON

Lettre à Mme la Baronne de N***

Saint-Louis en l'Isle,
Paris.

Paris, 1er janvier 1878.

L A délicieuse soirée que nous passâmes le premier jour de l'an dernier! cela nous vieillit bien un peu; mais vous en souvenez-vous, chère petite Baronne?

C'était sur le soir, vous étiez seule dans votre grand salon Louis XV, — seule devant un bon feu, — seule sur une causeuse.

Lorsque je parus, Dieu sait où voltigeaient vos rêves; votre petit écran japonais d'une main, un livre entr'ouvert de l'autre, vous étiez affaissée dans la morne contemplation de l'âtre, perdue en plein rêve, et c'est à peine si la voix de la soubrette qui m'annonça vous fit tourner doucement la tête de mon côté.

C'est qu'ils étaient bien loin, bien loin vos rêves, chère Baronne, ils dansaient capricieusement avec les flammes du foyer, et votre œil fixe s'engourdissait à suivre leurs ébats mutins ; je pensai tout de suite, vous le dirai-je, au curieux volume, relié avec art en maroquin bleu, à vos armes, que votre bras abattu laissait nonchalamment glisser.

N'était-ce pas lui, dites-moi, qui avait débauché les charmants diables roses de votre mignonne cervelle ?

Mademoiselle de Lenclos en ses jeunes années distrait la vieillesse du Grand Sully, son voisin de la rüe Sainct-Antoine.

Ah ! Baronne, qu'il faisait froid ! Paris finissait cette longue journée de saturnales, Paris avait la pompe insipide des jours fériés ; on n'entendait que le rire perlé de la jeunesse ou le chant rauque et monotone de l'ivrogne ; les pelures d'orange, tribut de ce jour stupide, attentaient à la vie du promeneur ; sur le seuil de leurs portes, mines revêches, les concierges disséquaient la générosité des locataires.

Rappelez-vous avec quelle triste figure de conspirateur je vins me mettre à vos côtés ! — Oh ! le vilain causeur que je fis dès les premiers moments ; ce n'étaient qu'indolents bâillements, que pénibles hum ! hum ! que mon gosier grognon proférait ; et quel oubli total des convenances ! Campé au beau milieu du feu, les jambes allongées, les pieds sur les tisons, je me rôtissais comme un saint Laurent sans usage, — tantôt me frictionnant les jarrets avec impertinence, tantôt frappant

Mademoiselle de Lenclos cause Mathématiques & Théologie avec Mʳ Blaise Pascal

du pied et lançant des roulades grelottantes de *brrr* à morfondre un rocher. — Mon adorable amie, j'en ai honte encore aujourd'hui !

Lorsque Mariette apporta le thé, vos rêves me parurent rentrer effarés et timides dans leur joli nid, — votre silence fut moins complet, — mon attitude fut plus décente.

Le thé était exquis, chaud, parfumé, versé par la main des Grâces; c'était de l'ambroisie. — Vous étiez ce soir-là enivrante de beauté et de langueur, dans ce coquet peignoir Watteau bleu cendré, rehaussé de malines; vous possédiez ce teint, pétri de lis et de roses, dont les anciens poètes nous ont légué l'expression; votre

Mademoiselle de Lenclos et Julie Mazarini

fine chevelure blonde brillait, avec des reflets de bronze pâle; et puis, votre grand salon était si purement, si voluptueusement Louis XV, depuis ses lambris en camaïeu jusqu'à votre mule de satin, que, par ma foi, j'aurais été pendable, si, dépouillant mon humeur brutale, je ne me fusse pas mis à *Crébillonner* avec vous.

Combien je vous sus gré, du fond de mon cœur, de n'entrevoir chez vous ni sac de chez Boissier, ni coffret de chez Giroux, ni écrin de chez Fontana; votre logis semblait vierge de toute importation d'étrennes, et je trouvais enfin un refuge, une tiède oasis, contre l'enfer du jour de l'an.

Mademoiselle de Lenclos & Monsieur le Prince

Nous étions là sur la causeuse, le guéridon placé tout près, un délicat service de Saxe à portée de la main.

— Un nuage de lait? me disiez-vous.

— Mille grâces?

— Pourquoi cette curiosité? repreniez-vous, suivant le fil de la conversation; savez-vous bien que vous devenez très indiscret; mais, tenez, je vous le donne en cent, en mille, en dix mille, quel est l'auteur du petit volume qui m'entretenait lors de votre arrivée?

Vous me regardiez malicieusement, tandis que me vouant à tous les saints, je vous citais : *Musset, Lamartine, Hugo, Gautier*, ainsi que toute une pléiade de poètes modernes; et vous, dodelinant de la tête, avec de fines rouëries dans l'œil, vous ne me disiez pas une fois, chère petite Baronne : « Vous brûlez, mon cher, vous brûlez.

Alors, je remontais d'un siècle et j'amoncelais des kyrielles de noms d'auteurs : quelques-uns excitaient votre joli rire argentin; d'autres, ne le niez pas, vous faisaient rougir et baisser pudiquement les yeux. Cela dura bien une heure, pendant laquelle nous fîmes à deux un cours de littérature à faire mourir de honte l'ennuyeux Laharpe. — C'était à damner un Bibliographe; vous deveniez aussi taquine, aussi spirituelle que Mme de Sévigné, que j'allais victorieusement vous jeter à la tête, quand, audacieusement, démasquant vos batteries, vous me lançâtes cette renversante apostrophe :

— Connaissez-vous Scarron, mon cher Bibliophile?

— La belle question ! Scarron le bouffon, Scarron *le malade de la Reine*, Scarron le burlesque époux de la malheureuse d'Aubigné, Scarron *le raccourci de toutes les misères humaines*, Scarron enfin... et c'est avec Scarron, Madame, que vous conversiez ? Ah ! la vilaine compagnie que celle d'un cul-de-jatte, et comme je bénis le ciel qui a permis à votre serviteur de se mettre entre vous et ce petit fagoteur de rimes.

Ici, Baronne, vous deveniez irascible, vous défendiez votre poète, et, gentil inquisiteur, vous repreniez les instruments de torture; — les demandes insidicuses sortaient pressées de vos lèvres coralines :

— Quel est le volume de Scarron que je lisais ?

— *Le Roman comique*, parbleu !

— Fi donc !

— *Le Typhon?*

— Point.

— *Le Virgile travesti?*

— Nenni.

— *Jodelet duelliste!*

— En aucune façon.

— *Les Épistres chagrines?*

— Pouvez-vous le penser ?

— *Les Nouvelles?*

— Eh ! mon cher, ne courez pas si loin, ce sont tout bonnement les *Poésies* du sieur Scarron, ce petit fagoteur de rimes, comme vous l'appelez si méchamment, et, dussiez-vous me traiter de bas-bleu, je tiens honneur de vous avertir que j'ai un furieux tendre pour les vers de ce cul-de-jatte rabelaisien.

— Ce furieux tendre est un goût perverti, et permettez-moi d'avancer, ce sujet, mon humble avis, contrôlé et appuyé par...

Mais le livre déjà était ouvert; — placée dans l'attitude du Mascarille des *Précieuses ridicules,* et avec des grâces toutes féminines, vous tendiez le volume en avant d'une main, tandis que de l'autre, un doigt levé, vous m'imposiez silence. « Oyez, je vous prie, me dites-vous. »

Le grand Cardinal lit ses tragédies à Mademoiselle de Lenclos.

Je vous mangeais des yeux tant vous étiez divine, ainsi posée, ô ma belle précieuse! et, maîtrisant mon émotion, j'écoutai :

A MADEMOISELLE DE LENCLOS

ESTRENNES

O belle et charmante Ninon,
A laquelle jamais on ne repondra : Non,
    Pour quoi que ce soit qu'elle ordonne,
    Tant est grande l'authorité
Que s'acquiert en tous lieux une jeune personne,
Quand avec de l'esprit elle a de la beauté.
Ce premier jour de l'an nouveau,
Je n'ai rien d'assez bon, je n'ai rien d'assez beau
    De quoi vous bastir une Estrenne ;
    Contentez-vous de mes souhaits:
Je consens de bon cœur d'avoir grosse migraine
Si ce n'est de bon cœur que je vous les ay faits.
    Je souhaite donc à Ninon
Un mary peu hargneux, mais qu'il soit bel et bon,
    Force gibier tout le carême,
    Bon vin d'Espagne, gros marron,
Force argent, sans lequel tout homme est triste et blesme,
Et qu'un chacun l'estime autant que fait Scarron.

Tudieu! avec quelle émotion vraie vous récitâtes ces vers burlesques; quelle voix chaude et vibrante, quelles intonations senties, et que votre regard était vif, pendant la lecture de ces *Estrennes!* J'oubliai presque

Scarron et je négligeai de le maltraiter : — véritable magicienne, vous veniez, par cette seule évocation de Ninon, de me reporter de deux siècles en arrière, parmi cette société polie ou les petits poètes, même, savaient donner de si galantes étrennes.

Je revis Ninon, sa cour brillante et ses *passants* de qualité : le Comte de Coligny, le Chevalier de Grammont, les Marquis de La Châtre et de Sévigné, le Prince de Condé, l'Abbé de Chaulieu, Villarceaux, Gourville, Saint-Évremont et tant d'autres.

Je n'étais plus chez vous, Baronne, je me trouvais en plein Marais,

La Marquise de Sévigné & Ninon ont une violente querelle en pleine Place Royale.

dans la ruelle de cette impure adorable, de cette femme, trois fois femme, par le cœur, l'esprit, l'inconstance et la frivolité. — J'étais environné de beaux esprits, parmi lesquels votre cher Scarron, alors ingambe, alors *petit collet*, courant de groupe en groupe avec cette bonne humeur, cette gaieté bouffonne et cet atticisme pimenté de sel gaulois.

Vous paraissiez de même songer à tout cet autre âge, vos rêves avaient repris leurs ébats mutins, et votre œil noir reflétait purement le temps jadis.

Alors, je vous pris la main, petite Baronne, et pendant un temps incalculable, tous deux nous comprenant, tous deux vivant une autre vie, toute une époque évoquée, nous restâmes rêveurs, sans mot dire, murmurant faiblement en cadence :

O belle et charmante Ninon...

Lorsque nous sortîmes de notre torpeur, quel assaut de souvenirs !

MEMOIRES SECRETS (Anecdotes)　　　　　　　　　　　　　　　T. VII

Le Sieur Scarron, qui fut premier mary de Madame de Maintenon, est forcé par la jalousie du Grand Roy de feindre d'être cul-de-jatte.
　　　　　　　　　　　　　　　Amsterdam 1716

c'était à qui réciterait le plus d'*Estrennes*, jusqu'à ce que, la mémoire vidée et fourbue, votre Bibliothèque fût mise au pillage.

Vous étiez un vrai démon ; et nous bouleversâmes tous les *Parnasses d'antan*, nous piquant d'amour-propre, admirant, critiquant, discutant, nous alambiquant l'esprit avec des agaceries à réveiller l'ombre de tous nos chers poètes.

Quelle surprise, dites-moi, lorsque nous entendîmes sonner trois heures du matin ! Nos regards étonnés se croisèrent; les miens disaient : « Il fait bien froid, il est bien tard, soyez miséricordieuse! La nuit est sombre; il me faut vous quitter, petite Baronne, ayez pitié! » Votre œil était indulgent, et je ne sais trop ce qu'il m'eût répondu, si Mariette, lassée d'attendre, ne s'était mise à ronfler dans la pièce voisine.

Mademoiselle de Lenclos agée de 99 ans et dont Fait au jeune Arouet quelques confidences sur le Siècle de Louis XIV.

L'effroyable voyage que je fis, ô ma douce amie, pour regagner mon triste logis de célibataire! — Jamais amoureux transi ne s'en revint plus chagrin dans ce grand Paris, qui la nuit ne semble dormir que d'un œil. — Malgré moi, j'enviais Scarron superbement vêtu de maroquin, Scarron qui revit en livre et que vous aimez, Scarron que vous teniez dans votre main mignonne et qui veillait peut-être à vos côtés, sur les courtines de soie, après avoir bercé votre premier sommeil, tandis que j'allais errant sur ces quais ténébreux, meurtri par la bise, tracassé par mille petits fantômes qui labouraient mon cœur et mon esprit.

Il y a un an, jour pour jour; mon cœur a fait des économies, souvenez-vous-en!

Si la légende de la Belle au Bois Dormant pouvait être vraisemblable, ce soir premier janvier, vêtu d'un manteau couleur de muraille, je me présenterais chez vous; — je vous trouverais seule dans votre grand salon Louis XV, — seule devant un bon feu, — seule sur une causeuse, — mais... Mariette aurait congé; — pour changer les rôles, petite Baronne, j'aurais en main un curieux volume porteur de mon *ex libris*... Ce serait à votre tour d'en deviner l'auteur et peut-être demanderiez-vous grâce :

> O belle et charmante Ninon,
> A laquelle jamais on ne repondra non!...

HISTOIRES DE MOMIES

RÉCITS AUTHENTIQUES

HISTOIRES DE MOMIES
RÉCITS AUTHENTIQUES

> Les volontés des morts sont des lois souveraines.
> Ducis.

I

Le comte W*** était, il y a quinze ans, lorsque pour la première fois je m'arrêtai à Vienne, ce qu'il est convenu d'appeler un *fashionable man*. A peine quadragénaire, beau garçon sans affectation, c'est-à-dire beau mâle et non bellâtre, très bien en cour, ayant une grande influence morale sur le prince héritier; il était connu, aimé et apprécié à la fois des sportsmen, des femmes du monde, des artistes ballerines et de l'Opéra, des archéologues ainsi bien que des érudits, et tous les peintres de la moderne Autriche, Mackart en tête, le citaient volontiers comme le plus généreux Mécène des arts contemporains.

Le comte W***, dans sa somptueuse demeure de Herrengasse, avait, à cette époque, réuni une des plus curieuses galeries d'objets d'art d'Europe. Possesseur d'une immense fortune, allié aux premières familles de l'Empire austro-hongrois, doué d'un flair de bibelotier hors ligne, il accumulait chaque jour sur toute l'étendue de ses domaines le butin de ses recherches; car le comte « travaillait dans le grand ».

Il ne se contentait pas d'acquérir au cours de ses voyages des meubles, des tableaux, des statues, des faïences ou des livres rares, il allait jusqu'à entraîner sur ses terres les monuments historiques expropriés; il se faisait adjuger des portes de villes du Moyen Age ou de la Renaiscance, des fontaines délicatement sculptées par des maîtres du xviiie sièsle, des façades de maisons fouillées de sculptures ingénieuses, des margelles de puits munies de leur frondaison de fer forgé, des colonnades de marbre, des frises triomphales, d'antiques verrières de chapelles; et tous ces glorieux débris du passé étaient convoyés à grands frais sur chemins ferrés jusqu'à ses propriétés du Tyrol ou de la Bohême, où ils étaient reconstitués avec goût et apparat, apportant leurs silhouettes magnifiques à des combinaisons décoratives d'une grande hardiesse d'invention.

Le comte W*** était un Fouquet moderne, mais dont le souverain ne prenait pas ombrage; il n'affichait aucun faste écrasant, et si ses écuries étaient réputées par le nombre des pur sang, ses galeries d'art vantées à l'égale des plus princières, on ne pouvait point dire qu'il menât grand train dans les rues de Vienne. Ses équipages étaient sobres, sa livrée sévère, et rien ne désignait avec trop d'excès de couleur ou de dorure son landau armorié au *Prater*, même à la cérémonieuse promenade annuelle du premier jour de mai sur les belles avenues à peine verdissantes du bois viennois.

Je portai donc, dès mon arrivée, la lettre amicale qui m'accréditait auprès de cet antiquaire distingué, et, le surlendemain, je n'avais garde de manquer à l'invitation aimable du comte me priant à son dîner de cinq heures, après une sommaire visite à ses trésors de peinture et de sculpture, dont je ne saurais parler convenablement en moins d'un volume, car la description de ces merveilles de haut goût se trouve d'ailleurs absolument, il faut le dire, en dehors du sujet principal de cette histoire.

II

Je rencontrai chez le comte W*** une société étrangère fort imprévue et dont il ne me serait jamais venu à l'idée de combiner les hétérogènes éléments de réunion, tant sa construction semblait extraordinaire et paradoxale.

Je fus présenté tour à tour à lord L***, le diplomate anglais poète et vice-roi des Indes, qui revenait d'une excursion à Constantinople, ainsi qu'à son secrétaire Edward G**, écrivain et observateur précieux, dont les articles sur les fakirs, à la *Nineteenth Century* eurent un si grand retentissement en Angleterre, il y a quelques années. Puis, je pus serrer la main du musicien populaire Johann S***, saluer le célèbre médecin physiologiste italien César L***, et m'incliner devant le général allemand de M***, sans oublier le chevalier N***, représentant alors à Vienne la politique romaine. Quelques nobles dames cosmopolites apportaient dans ce milieu vraiment étrange le charme de leur babillage polyglotte, et, parmi celles-ci, une très vieille femme, une nonagénaire active et spirituelle, sans grâces surannées ou ridicules, la mère de notre hôte, la bonne comtesse douairière de W***, dont je ne saurais oublier la verve ironique et la pétulance de langage, en un français de bonne marque et de haute saveur.

Durant le dîner, l'excellente douairière nous surprit tous par la netteté de ses souvenirs. Elle nous conta de la plus pittoresque manière des anecdotes, inédites assurément, sur le Prince de Metternich, sur M. de Talleyrand, sur le baron de Humboldt qu'elle avait connus étant toute jeune fille; elle eut enfin la galanterie de me dire :

— J'ai vu, monsieur, votre terrible Bonaparte à Schœnbrunn, ainsi que Murat, Berthier, Bessière; j'ai vu votre Grande Armée, et il me semble encore entendre le canon des Français qui fit si grand tapage sous nos murs en 1805 et 1808; mais le temps m'a donné de l'indulgence pour vos conquêtes, et je vous saurais presque gré aujourd'hui d'avoir apporté dans mes années d'adolescence cette angoisse dramatique si supérieure à tous les romans qui se mitonnent pendant la paix.

Après le café, le comte nous entraîna dans sa bibliothèque, énorme salle néo-gothique tapissée des plus belles éditions de provenance française, anglaise, hollandaise et italienne. Il nous montra des reliures du XVIe siècle allemand d'une splendeur inconnue, des livres de Maïoli, de Grolier, des manuscrits enluminés par des disciples de Dürer, sinon par le grand maître en personne; j'avais épuisé pour ma part, devant tant de chefs-d'œuvre surprenants, toute la variété de qualificatifs dont je pouvais disposer dans mon enthousiasme, et déjà j'éprouvais cette fatigue si particulière de l'admiration excessive qui nous anéantit parfois, sans que nous en précisions la cause, au cours des visites faites à des musées nationaux. Je feignais donc de regarder et de détailler quelques miniatures, afin de trouver prétexte à un repos et à un silence momentanés, lorsque notre hôte m'interpella :

— Ah! tenez, cher monsieur, en qualité de Français, voici qui ne va pas manquer de vous intéresser; ce n'est pas la plus belle, mais peut-être est-ce la plus saisissante pièce de mes curiosités!

Le comte disposa sur la table de milieu une boîte de bois blanc grossier d'emballage, et, d'un épais lit de ouate, il sortit lentement une boule terreuse et parcheminée dont je ne distinguai pas au premier aspect la nature ni les lignes de détail.

— Mais c'est une tête de momie! s'écria le physiologiste italien, qui déjà s'empressait, la main tendue, pour saisir et ausculter ce crâne noirâtre et chevelu!

— Une momie, vous l'avez dit, interjecta la douairière qui nous avait rejoint, mais une momie chrétienne, messieurs, peut-être la seule qui existe, une momie de gentilhomme français, de guerrier mort il y a plus de deux siècles et dont la conservation est belle à faire peur : voyez plutôt.

Nous nous passâmes de main en main, avec un frisson d'horreur mal dissimulé, cette tête de guillotiné dont la section du cou était brutale et maladroite, et qui portait encore, fiché dans la trachée artère, un piquet de bambou semblable à ceux qui maintiennent les crânes des suppliciés exposés publiquement dans les pays d'extrême Orient.

Lorsque ce fut mon tour d'examiner attentivement et de manier ce restant de héros, je fus saisi par l'aspect encore vivant et par la beauté des lignes de ce visage altier, qui avait dû être celui d'un jeune homme de vingt-cinq à trente ans, et dont on eût dit que les yeux vidés avaient conservé une flamme de bataille et la bouche un rire de dédain, — la momification, en effet, avait été supérieurement faite, — sauf le nez, qui, de profil, paraissait écrasé, ayant été comprimé par les bandelettes aromatisées. La figure était intacte avec sa barbe blonde, sa fine moustache, ses sourcils, ses dents éclatantes, sa longue chevelure et son front aux courbes fuyantes et nobles taillade sur le milieu comme par un furieux coup de sabre. Sur le sommet de la tête, la peau avait été incisée en croix, et l'épiderme, aujourd'hui parcheminé, décollé de la boîte crânienne, s'évasait piqué de gros fils qui l'avaient maintenu, laissant voir la calotte du cerveau ouverte en lucarne par une scie habile. — Cette tête, à la regarder longuement, apparaissait plus imposante que terrifiante, le temps et la science de l'embaumeur lui avaient donné une superbe patine d'art et les méplats des joues montraient des colorations et des finesses de vieux bronze à la cire perdue.

Nous étions tous muets depuis quelques minutes, laissant à peine filtrer de nos lèvres quelques mots étonnés, et la tête continuait de circuler, lorsque le général allemand rompit le silence en lançant la question que chacun de nous se proposait de poser au maître de céans :

— Très, très curieuse, mon cher comte, cette momie extraordinaire ! curieuse pour la science, pour l'art, pour l'esprit militaire également, mais non moins curieuse pour l'anecdote, et, qui sait, j'ajouterai peut-être aussi pour l'histoire. Mais où avez-vous trouvé cette relique bizarre ? — Il n'y a que vous pour dénicher de telles choses, pour les acheter, pour les conserver surtout, et ne pas craindre de les montrer à vos amis, après un bon dîner. Voyons, narrez nous cela.

— Oui, comte, l'histoire de cette momie ! reprîmes-nous tous ensemble.

— Vous le voulez, messieurs ? le récit ne sera pas long et l'aventure ne vaut que par le résultat ; cependant la voici :

III

Il y a trois ans, en janvier 1879, j'étais allé faire à Nuremberg une de ces chasses au bibelot que j'affectionne tout particulièrement, en mes heures de spleen, surtout en hiver, quand la jolie ville bavaroise montre ses pignons, ses tours, ses portails couverts de neige, et que les étrangers et les pèlerins de Bayreuth ne sont plus là, le Bœdeker en main, pour troubler la paix de ses rues et la solitude nécessaire au véritable chercheur.

Je venais de faire une promenade pittoresque sur les rives de la Pegnitz et de m'émerveiller le regard à la vue d'un blanc panorama de campagne éclairé par le soleil anémié de la saison, lorsqu'en revenant du côté de Saint-Sebald, j'entrai dans la maison du vieux Juif brocanteur Abraham Lévy, que vous connaissez tous, je suppose, et où, pour ma part, j'ai toujours trouvé quelque babiole précieuse à emporter.

Le bonhomme me fit voir ses coffres, ses bahuts, ses faïences rares, ses plaques de poêles locaux ; je le suivis d'étage en étage jusqu'au grenier, et je redescendais avec la sourde irritation de n'avoir rien trouvé, quand il me proposa d'aller visiter quelques panneaux de bois sculpté conservés dans ses caves. — Il alluma sa lanterne, et nous nous trouvâmes bientôt sous des voûtes d'une superbe ordonnance architecturale, qui avaient dû naguère appartenir à quelque couvent d'avant la Réforme. — Je le suivais, les pieds mal assurés sur un sol humide, quand, tout à coup, je heurtai une boîte d'où s'échappa une boule que je frappai du bout de ma bottine et que je vis rouler sous la lumière du médiocre fanal du papa Lévy.

La curiosité du chercheur, vous le savez, ne néglige rien et s'épand sur toutes choses ; je m'inclinai pour ramasser la boule, et ce ne fut pas sans un saisissement d'effroi et de dégoût que je sentis sous mes doigts la crevasse des yeux et les chairs racornies de la tête que vous venez de contempler à votre aise.

— Laissez ça, monsieur le comte, me dit négligemment le vieux Juif.

— Non pas, père Lévy ; je garde le macchabée. Seriez-vous criminel? est-ce une de vos victimes?

— Ah! que non, monsieur le comte ; j'ai trouvé cette vilaine caboche il y a plus de quinze ans, avec des liasses de paperasses inutiles, dans une crédence du xvie siècle, qui venait, m'a-t-on dit, de la maison d'un sieur Carl Fleischman, docteur de Nuremberg, descendant d'un grand chirurgien d'autrefois; les écrits qui enveloppaient ce masque affreux racontaient tout cela, mais cette histoire n'a pas d'importance et n'intéresse personne ; laissez donc cette tête de côté, monsieur le comte.

Le bonhomme n'était nullement troublé ; il ne voyait pas, dans ce débris humain, la possibilité d'une affaire à conclure; mais, je ne sais pourquoi, je ne pouvais abandonner ce morceau momifié, je le tenais entre le pouce et l'index dans la cavité des orbites, et je me sentais anxieux de l'examiner en plein jour.

— Allons, mon père Lévy, cherchez-moi ces papiers et remontons à la lumière... Et je me disais involontairement à part moi : Qui sait, peut-être n'aurai-je point aujourd'hui entièrement perdu ma journée?

Quand je vis, je vous l'avoue, continua notre hôte, dans la clarté neigeuse du rez-de-chaussée, la mâle énergie de ce visage que ni la mort ni l'embaumement n'avaient pu effacer, je me décidai, par un sentiment que vous comprendrez, à retirer cette relique humaine du ghetto où elle menaçait de pourrir, sinon d'être brutalisée dans l'éternel déménagement des mobiliers de toutes provenances qui s'y trouvaient déposés; j'attendis donc que le Juif m'apportât les pièces manuscrites dont il m'avait parlé, et quand il m'eut jeté sur une table une brassée de parchemins, jaunis, souillés, à demi mangés par les rats et l'humidité, je glissai au brocanteur un billet de cent marcs qu'il accepta avec d'infinis témoignages de reconnaissance, et je regagnai mon hôtel, emportant avec piété, intérêt et mystère ma funèbre découverte.

IV

L'anecdote, vous le voyez, n'a rien de particulièrement rare dans sa note positive, reprit, après quelques instants, le comte W***; un romancier d'imagination, amoureux des broderies littéraires et des mises en scène pathétiques, pourrait peut-être en tirer des effets palpitants et mystérieux, mais j'estime que rien ne vaut la vérité dépouillée de toute la joaillerie du style; au surplus, comme le remarquait tout à l'heure le général, l'histoire pourrait tirer de mon aventure autant de parti que la fiction, car, d'après les papiers que j'ai inventoriés et lus avec attention, voici quel serait le fragment biographique du gentilhomme qui dut porter fièrement cette admirable tête.

Durant la néfaste guerre de Trente ans qui ravagea si brutalement, si longuement et si profondément le centre de l'empire germanique, des hommes de toutes nationalités prirent du service dans les corps de l'Électeur palatin, dans ceux de Christian IV, de Tilly, de Wallestein, de Gustave-Adolphe et des autres illustres personnages de cette épopée extraordinaire et compliquée, dont Schiller, en historien plus dramatique et pittoresque que vraiment fidèle, nous retrace les exploits, les vicissitudes, les coups de théâtre imprévus et les événements innombrables.

On peut dire que jamais, au cours des temps modernes, on ne vit une conflagration plus générale, plus cruelle et plus sanglante.

Toutes les grandes nations d'Europe apparurent et brillèrent tour à tour sur la scène, et je n'ai pas besoin de vous rappeler que, pour arriver à se reconnaître dans les excessives péripéties de cette guerre monstrueuse, il est devenu nécessaire de la diviser en quatre périodes successives : la période palatine, la période danoise, la période suédoise et la période française qui dure de 1635 à 1648.

C'est pendant cette dernière période que je place l'histoire de celui dont nous admirons aujourd'hui le chef momifié.

Rappelez-vous que tandis que le général Torstenson, qui succéda à Baner, faisait des prodiges de valeur à Breitenfeld et s'emparait de Leipzig, les Français, sous les ordres de Guébriant, poursuivaient contre les Impériaux une lutte qui demeura longtemps sans résultat définitif, car ce ne fut qu'en 1646 que Français et Suédois, envahissant et ravageant la Bavière, forcèrent l'Électeur à abandonner la cause de l'Empire.

Parmi les seigneurs de marque qui combattaient aux côtés de Turenne et du duc d'Enghien, se trouvait un comte Bernard d'Harcourt, admirable soldat, sobre, désintéressé, sévère et rude, disent les documents que je possède, et qui descendait en droite ligne de cette belle lignée de héros normands dont la maison remonterait, d'après certains généalogistes, à Bernard le Danois, un des pirates du Nord qui accompagnèrent Rollon en France.

Ce Bernard d'Harcourt qui, en 1641, se vit blessé devant Ratisbonne, avait, paraît-il, toutes les vertus et la bravoure des guerriers de ce temps merveilleux; c'était un *risque tout,* un indomptable amoureux des périls, se jetant toujours en avant, poitrinant à l'ennemi, passant à travers la mitraille, un ardent au feu qui montrait pour la mort ce sincère mépris qu'affichaient alors tous les fanatiques religieux.

En août 1645, à la bataille de Nordlingen, il se signala tout particulièrement dans la lutte contre les troupes impériales que commandait ce brave à tous poils, le général bavarois comte de Mercy, dont la position dans la plaine semblait inexpugnable.

Bernard d'Harcourt faisait partie, à l'aile droite des troupes du duc d'Enghien, des pelotons de cavalerie qui opéraient sous les ordres du maréchal de Grammont; il venait d'être nommé capitaine, et quand le signal d'attaque contre les positions du village de d'Allerheim fut donné, il se dressa sur ses étriers et partit à fond de train à la tête de sa colonne, bousculant les avant-postes de Jean de Werth, massacrant tout sur son passage, galopant sous un feu effroyable, dans une mêlée terrible, jusqu'à ce qu'il eût entraîné ses soldats au delà des retranchements du village pris d'assaut.

Il ne vit pas toutefois le résultat de ses prouesses; un coup de rapière bavaroise lui avait fendu le crâne, et, tandis que le pauvre général de Mercy était tué et que Turenne et d'Enghien achevaient d'être victorieux, d'Harcourt roulait, la cervelle atteinte, parmi les morts et les mourants, dans l'entassement des hommes et des chevaux massacrés.

C'est ici, continua en souriant mystérieusement le comte W***, qu'intervient ce qu'on pourrait nommer le véritable nœud de l'aventure.

Après la bataille, pendant qu'on procédait à l'enfouissement des morts, un homme de science, un médecin-chirurgien de Nuremberg, nommé Eobanus Bolgnuth, découvrit le corps de l'infortuné comte d'Harcourt qui respirait encore et implorait d'une voix sourde quelques gouttes d'eau pour étancher sa soif de moribond fiévreux.

Eobanus se pencha sur ce visage mutilé, couvert de sang, presque informe; il le lava, examina la blessure, la trouva spécialement intéressante, et, avec l'idée fixe des médecins qui voient plutôt le cas que le malade, et dont l'humanité est d'autant plus expansive que le mal qu'ils ont à vaincre paraît devoir leur rapporter plus de gloire, il fit transporter le mourant dans une maison de village voisin, puis, sans haine pour cet ennemi momentané de la Bavière, il se mit à lui consacrer tous ses soins.

D'après le long *mémoire* qu'Eobanus Bolgnuth a écrit, relativement à sa tentative de cure, le comte Bernard d'Harcourt se débattit huit jours durant entre la vie et la mort; soigné à l'eau et *à l'esprit*, dit le texte, le neuvième jour le médecin-chirurgien se décida à tenter l'opération du trépan, car les méninges s'enflammaient de plus en plus et le malade souffrait d'intolérables douleurs ; il pratiqua donc une incision cruciale sur le frontal, replia la peau sur quatre côtés, et, muni d'une scie primitive, il fit cette section carrée que vous pouvez voir sur la boîte cranienne de notre momie.

A la façon détaillée dont Eobanus parle dans son *mémoire* de cette trépanation, il est à croire qu'il y attachait un intérêt extraordinaire pour la science; il exprime minutieusement toutes les phases de l'opération et paraît enthousiasmé de la réussite, car une semaine plus tard Bernard d'Harcourt vivait encore, la peau recousue, avec un emplâtre de poix sur la tête. Mais ce guerrier était trop impétueux pour attendre patiemment sur un lit les effets du miracle : à peine eût-il recouvré entière possession de sa pensée qu'il voulut s'évader de chez son guérisseur hérétique. Une lutte terrible s'engagea entre les deux hommes, l'un usant de douceur et de supplications, l'autre d'invectives et de violences; vaincu, le blessé succomba à une fièvre chaude au cours de laquelle il arracha ses derniers pansements et se rouvrit férocement cette sorte de fenêtre si laborieusement pratiquée dans son crâne.

Le pauvre docteur Eobanus fut consterné par cette mort. Le récit qu'il fait de son désespoir est touchant et comique à la fois, mais, fier de son œuvre qu'il jugeait au-dessus de la science de son temps, il ne put se résoudre à confier entièrement à la terre ce corps que son art allait rendre à la vie : c'est pourquoi, afin de conserver à la vue de ses héritiers et des futurs maîtres praticiens de la Bavière et du monde entier le témoignage de son « beau travail », se décida-t-il à décapiter ce cadavre et à dessécher cette tête avec le succès dont nous pouvons juger.

V

— Mais, dites-moi, cher comte, s'écria, à la fin de ce récit, lord L$^{\text{e}'}$, il me semble que le très prudent docteur Eobanus Bolgnuth a dû consigner dans ses notes, en homme méthodique, les formules précises de son procédé d'embaumement; car, après avoir traîné au fond des crédences et dans les caves des brocanteurs, cette tête de Bernard d'Harcourt est vraiment surprenante de conservation, je dirais presque de fraîcheur, si je ne craignais d'être irrespectueux; cela nous touche peut-être davantage que son système spécial de trépan, qui ne saurait être à la hauteur des vilebrequins de notre chirurgie moderne.

— Son procédé de dessiccation... en effet, je crois m'en souvenir, car il m'a frappé, reprit notre amphitryon; il consiste, si ma mémoire est exacte, dans un lavage à l'eau, après évacuation de la matière cérébrale et des lobes des yeux, et dans un bain constant de sublimé corrosif pendant plusieurs semaines, après quoi interviennent l'alun et le tannin qui achèvent de rendre la peau imputrescible et la garantissent des insectes et des vers.

— N'aviez-vous rien fait, demandai-je à mon tour, pour restituer aux arrière-neveux du comte Bernard d'Harcourt cette tête de héros si providentiellement retrouvée, car il existe encore, vous le savez sans doute, de nombreux d'Harcourt en France, dont quelques-uns ont été mis en vue durant ces dernières années?

— Je me suis informé, croyez-le, car je ne me considérais point comme possesseur définitif de cette relique, dont de proches descendants pouvaient légitimement s'enorgueillir et qu'ils n'auraient point manqué d'enfermer dans un pieux tabernacle; je fis donc copier avec soin par mon secrétaire les papiers si curieusement documentés du médecin Eobanus Bolgnuth, et j'écrivis personnellement une longue lettre au chef actuel de la famille d'Harcourt, le mettant au fait de ma singulière trouvaille... mais... j'attends encore la réponse. — Peut-être la bizarrerie de l'aventure fit-elle douter du sérieux de ma missive; peut-être y eut-il négligence, en tout cas je ne recueillis de ma tentative que du silence.

Si la chose vous intéressait particulièrement, ajouta aimablement le comte W***, en se tournant vers moi, si cette triste épave de l'un de vos vaillants compatriotes pouvait, à un titre quelconque d'artiste ou de croyant, vous séduire, soit pour la conserver chez vous, soit pour en faire don à quelque musée de Paris, vous n'avez qu'un mot à dire, et bien volontiers je vous remettrai ce crâne trépané et tous les papiers dont je viens de vous fournir le résumé. Après deux cent trente-six ans d'exil sur la terre étrangère, j'estime que votre ancêtre aurait quelque droit à être définitivement hospitalisé sur le sol natal. — N'est-ce pas votre avis?

— Mon Dieu, cher comte, vous êtes l'amabilité, la courtoisie même, et j'apprécie votre généreuse proposition ; mais il n'y a rien de plus encombrant que les morts, rien de plus difficile à caser, et je sais ce qu'il me faudrait de démarches pénibles et réitérées pour ne pas réussir à faire admettre cette superbe figure de guerrier dans le plus modeste de nos Panthéons. La famille, vous avez pu vous en convaincre, a fait la sourde oreille, nos gouvernants feraient de même, et je craindrais de ne pouvoir forcer la porte de nos musées ou de nos nécropoles. Resterait donc le souci de conserver à la maison, à titre de bibelot historique, cette mâle tête d'assaillant, et ici, je vous l'avoue, je ne serais pas assuré de ma propre sensibilité. — Je suis un solitaire, et, comme beaucoup de solitaires, très accessible aux idées du surnaturel ; je ne crois réellement ni aux esprits, ni aux revenants, ni aux manifestations de l'autre monde ; mais il ne me déplaît pas de m'envelopper l'âme d'une chemise de mystère et de rechercher des phénomènes d'outre-vie ; les ténèbres, le silence, les bruits incertains éveillent en moi des frissons d'inconnu dans lesquels je me complais, parce qu'ils agitent en mon être des sensations dramatiques que je ne saurais formuler; Des *que sais-je?* et des *peut-être!* troublent mon incrédulité et je reste délicieusement vibrant aux inquiétudes de la nuit, au murmure du vent, au craquement des meubles parce que je les sais sans cause anormale. — Si je possédais chez moi, dans un coffret de cèdre ou dans le coin d'un meuble, la belle tête momifiée de Bernard d'Harcourt, je ne vivrais plus dans le dilettantisme du mys-

tère ; j'attribuerais à l'influence du mort tous les menus événements qui peuplent ma vie contemplative, et je ne saurais comment me défaire de cet hôte gênant.

Je ne vous demanderai donc pas, dis-je en terminant, un inutile sacrifice, mais à titre de souvenir et sachant qu'entre autres talents vous possédez l'art de faire exécuter d'admirables reproductions solaires, il me sera très agréable de tenir de votre bonne grâce deux belles photographies de cet obscur vaincu de la guerre de Trente ans. — Est-ce dit ?

— C'est dit ; — comptez sur moi, répondit le comte, je n'insisterai pas davantage.

. . . .

Le lendemain, à mon hôtel, le comte W*** me faisait remettre deux photographies du sinistre décapité, l'une de profil, l'autre de face, et je traînai ces poignantes images tout le long d'un voyage en Orient et en Palestine.

Il y a de cela nombre d'années déjà. — C'est en recherchant il y a peu jours, au fond d'un carton d'épreuves d'eaux-fortes, des documents indispensables à un travail urgent, que ces macabres photographies m'apparurent et que, me remémorant l'aventure invraisemblable que nous conta naguère le grand seigneur viennois, il me prit fantaisie d'écrire le récit qu'on vient de lire. L'authentique figure ici reproduite dans le texte est celle du comte Bernard d'Harcourt, gentilhomme normand, blessé mortellement à la bataille de Nordlingen, puis décapité et précieusement embaumé par les soins du docteur Eobanus Bolgnuth de Nuremberg.

La tête originale a dû, je le suppose, demeurer à Vienne, dans le cabinet d'antiquité du comte W***..., dont la maison est d'origine polonaise. Les modernes d'Harcourt pourraient peut-être encore la réclamer et l'obtenir aujourd'hui.

———

LA MOMIE FATALE

Nos histoires se suivent et ne se ressemblent pas ; toutefois, celle-ci se trouve en quelque sorte directement liée à la précédente par l'origine et par la filiation des faits qui m'amenèrent à l'entendre exposer en toute simplicité quelques années plus tard.

Parmi les convives rencontrés au dîner de Vienne, dont il est question plus haut, se trouvait, — l'ai-je dit ? — lord L***, qui venait de quitter la vice-royauté des Indes pour voyager en Europe.

Le hasard fit que lord L***, envoyé en qualité d'Ambassadeur d'Angleterre à Paris, devint pour moi un des compagnons les plus chers de ces heures de loisir qu'il est si exquis de consacrer à l'amitié bavarde, à la causerie intellectuelle et intime, plutôt que de les gaspiller dans ces

médiocres et vides soirées de réception où l'on ne recueille que la fausse monnaie des grimaces et la banalité des phrases de politesse.

Lord L*** était mieux qu'un diplomate habile, discuté et discutable; il se sentait au-dessus des finesses de la politique internationale, et son esprit de dilettante n'était sensible qu'à la beauté des formes et des idées. Volontiers paradoxal, lettré comme le sont ses compatriotes quand ils ont passé par Oxford ou Cambridge et voyagé aux quatre coins du monde, il avait vu et lu immensément, et sa mémoire était prodigieuse, bien qu'il fût beau buveur ,et abusât fréquemment de tous ces excitants que Baudelaire nommait : *les Paradis artificiels*.

Un des plaisirs de ce singulier ambassadeur, qui fuyait le plus possible les contacts du monde officiel, était de s'entourer de quelques artistes ou littérateurs dont la cérébralité lui convenait et d'improviser des dîners d'été sans grand cérémonial dans les jardins de son palais du faubourg Saint-Honoré. Là, cet homme, généralement sombre et taciturne, s'éveillait, devenait humoriste et brillant conteur, et il n'est point un de ceux qui, l'ayant approché dans ces circonstances, n'ait conservé de cet esprit distingué et rare le plus intense souvenir.

Ce qui m'avait frappé particulièrement en lui, c'était son fatalisme, ses croyances au surnaturel, ses goûts mystérieux pour l'occultisme et ses théories sur l'irresponsabilité des êtres ici-bas. Nous connaissons, disait-il, les effets de bien des causes, mais nous ignorons souvent les causes de la plupart des effets; nous suivons tous une destinée toute tracée, dont nous ne pouvons nous éloigner; la vie est un purgatoire sinon un enfer où nous purgeons la condamnation de fautes commises en des périodes antérieures dont nous n'avons plus ni la notion ni le souvenir; la lutte généralement est vaine, nous sommes les forçats d'un bagne où la seule porte de sortie est celle de la mort, et, comme disait Proudhon, la fatalité est l'ordre absolu, la loi, le code, le *fatum* de la constitution de l'univers.

Un soir d'août 1888, nous dînions en tête à tête sur la terrasse en plein air, débarrassés de l'énervante observation des laquais gourmés en faction près de la table; je me plus à rappeler au cher lord les conditions de notre première rencontre à Vienne chez W***, le comte antiquaire, et j'évoquai le souvenir de cette terrible tête de momie dont notre hôte nous avait narré l'histoire vraiment intéressante.

— Savez-vous, me dit-il, que j'y ai beaucoup pensé, à ce Bernard d'Harcourt, et que la vision de ce crâne taillade, de cette hardiesse dans la mort m'a souvent hanté depuis cette visite à Herrengasse? Je n'aurais pas, je vous l'avoue, le courage du comte et n'aimerais pas posséder chez moi cette terrible dépouille.

Il y eut un silence. — A quelques centaines de mètres devant nous, au delà des jardins, les cafés-concerts des Champs-Élysées nous envoyaient les refrains canailles et les joyeux et vulgaires éclats de leurs orchestres. Tous deux nous pensions au décapité dont je venais tout à coup de rafraîchir le cliché sur le gélatino-bromure de notre cervelle.

Je repris :

— Eh bien, mon cher ami, j'ai failli accepter, après l'avoir tout d'abord refusé, le cadeau que le comte désirait me faire de cette tête troublante; sa possession m'attirait et m'effrayait à la fois ; j'éprouvais à sa pensée une sensation morale de vertige faite de désir et de peur, et chaque fois que je voyais l'image photographique du masque tragique et superbe, je songeais à écrire à Vienne pour en réclamer l'envoi. Peu après mon retour à Paris, je fus vraiment malade du fait de cette lutte constante entre le vouloir et la crainte de posséder. Ce qui me mit à la raison fut une lecture d'article d'un bizarre écrivain allemand, dont j'ai oublié le nom, et qui essayait de démontrer la sorte de fatalité et d'envoûtement que l'intimité entre les vivants et les morts, j'entends de cohabitation, peut exercer sur l'homme assez téméraire pour faire de son logis une sépulture profane de tout ou d'une partie d'un corps défunt. Vous allez peut-être taxer cette opinion de folle, mais qui pourrait affirmer que les morts n'ont pas ce que les Égyptiens nommaient *ka*, c'est-à-dire un *double*, un second exemplaire du corps presque éthéré, quelque chose approchant de ce que les Indous nomment le corps astral, et, alors, jugez de l'imprudence qu'il y a de s'attirer ainsi, sans raison chez soi, une personnalité invisible, peut-être hostile, absorbante et dominatrice...

— Non, non, répondit lentement le lord rêveur, — *lord Dreamer*, comme je me plaisais à le nommer souvent, — non, mon ami, cette théorie n'est point folle, et vous serez encore plus frappé de la possibilité de la soutenir quand vous saurez que notre aimable hôte de Vienne, le comte W***, est mort il y a quelques mois à peine, chez lui, auprès de la néfaste tête de Bernard d'Harcourt dans des conditions particulièrement mystérieuses, frappé au front d'une balle de revolver, sans qu'on ait jamais pu déterminer s'il y avait meurtre ou suicide.

Si je crois aussi fermement aux lois inconnues du surnaturel, c'est que bien des événements dans ma vie cosmopolite m'en ont fait comprendre

a marche fatale et la puissance indiscutable, et, tenez, pour ne point
trop vous laisser l'impression de la triste nouvelle dramatique que je
viens de vous apprendre et qui, je le vois, vous trouble à l'excès, permettez-moi de vous faire le récit d'une aventure dans laquelle une momie
d'Égypte joue un rôle non moins terrible et non moins meurtrier; j'ai
connu la victime, et tout Londres, tant au
British Museum que dans le monde du journalisme, pourra vous certifier l'absolue authenticité des faits que je vais avancer.

II

Vous connaissez, je suppose, le journal
hebdomadaire *England illustrated News,* fondé
à Londres, il y a plus de soixante ans, par un
self made man, de grande activité et intelligence,
nommé John Magrin, qui gagna dans cette en-
treprise plus de trente mille livres sterling de
revenu, c'est-à-dire une vraie fortune d'Américain.

A la mort de cet excellent homme, ses deux fils, William et Robert,
prirent l'affaire en main et l'établirent sur un tel pied administratif
qu'il leur fût possible de donner carrière à leurs goûts de voyage et
d'aventures à travers toutes les contrées du globe. William et Robert
Magrin étaient deux superbes gaillards, souples, forts, musclés, hardis
cavaliers, canotiers infatigables, marcheurs intrépides et par-dessus tout

tireurs admirables. Le plus jeune, Robert, était un des premiers fusils
d'Angleterre ; il faisait à la chasse des séries à rendre jaloux lord D...,
notre fameux *Gun-man,* car...

Ainsi que la vertu le tir a ses... degrés.

Le bon ambassadeur souriait en faisant malicieusement cet *à peu près* classique sur le nom du plus célèbre tireur d'Angleterre.

Ainsi entraînés aux exercices du corps, continua-t-il, assurés de leur force physique aussi bien que de leur fortune considérable, les deux frères Magrin, tous deux célibataires et qui ne se quittaient jamais, entreprirent le déjà traditionnel tour du monde, qui bientôt sera si facile qu'il remplacera les voyages de noces en Suisse, en Italie ou en Écosse.

Avec le défaut mignon qu'ont mes chers compatriotes de vouloir détenir le record de tous les sports, les frères Magrin crurent devoir étonner l'univers de leurs prouesses. Leur volonté, plus forte encore que leur vanité, leur but bien établi, l'inflexible détermination qu'ils avaient de l'atteindre, leur firent accomplir de surprenants exploits modernes, de ces exploits qui consistent à biffer le mot *impossible* des dictionnaires géographiques et le qualificatif *inaccessible* de la description des montagnes égratigneuses de ciel.

Pendant plusieurs années, il ne se passa guère de semaines sans que les journaux du Royaume-Uni et ceux d'Amérique n'enregistrassent de stupéfiantes actions accomplies par l'un ou l'autre des deux frères; on les signala dans les Alpes, plantant le drapeau anglais sur des cimes jusqu'alors vierges de toute empreinte humaine, dans les monts de l'Atlas cherchant le lion, en Amérique gagnant sur leur *racer* des coupes d'argent aux régates de Newport, à Java massacrant des troupeaux de rhinocéros et de crocodiles, partout vainqueurs des êtres et des choses, hercules qui n'auraient su nombrer leurs travaux, tant ils étaient variés, compliqués, et, je dois ajouter, inutiles au progrès social ou aux besoins réels de la civilisation.

Ce fut à Bombay que je les connus; j'admirai leur beauté de fiers acrobates et je m'employai à servir leur passion en organisant pour eux les chasses aux tigres capables de mettre en relief leur adresse impeccable dans le maniement du rifle. Ils déployèrent dans ce sport jusqu'alors inconnu pour eux une vigueur, une souplesse, une intrépidité dans l'attaque, une sûreté de main qui frappèrent de stupeur les conducteurs indigènes qui les accompagnaient sur des éléphants dressés. Ils tuèrent — dans les seules jungles du Bengale, si je me souviens bien, plus de douze tigres et environ huit panthères dont ils eurent la politesse de m'envoyer les superbes dépouilles. Les Hindous, très sensibles au courage, les crurent sorciers, et, malgré leur secret

dédain pour les Européens souillés de viandes et de liqueurs, leur témoignèrent un respect qui confinait au culte sacré. — A Ceylan, au

retour, leurs succès à la chasse, au tennis, au polo, eurent un long retentissement dans les journaux de toute la colonie anglaise.

— Mais je ne veux pas, mon cher ami, me dit lord L..., ouvrant comme une parenthèse furtive à son récit, vous intéresser plus qu'il ne convient aux jeux sportifs des frères Magrin, ni risquer de vous faire oublier le but de ce récit. J'y arrive donc sans plus tarder.

A leur retour en Europe, William et Robert Magrin s'arrêtèrent en Égypte, et, afin de se soustraire à la domination de Thos Cook and son et aux itinéraires réglés comme papier de musique, ils frétèrent

une Dahabieh à voile et lentement visitèrent le Sérapéum, la pyramide d'Oanas, Assiout, Louqsor, Thèbes, Assuan et Philæ.

La vue de la nécropole memphite, des mastabas de Gizéh, d'Abou-Roâsh, de Dahshour, de Saqqarah, d'Abousir, impressionna vivement la curiosité de Robert Magrin, qui, laissant son frère retourner à Londres, jura de se consacrer à la recherche de royales momies et de se livrer momentanément à ce nouveau sport scientifique avec toute l'ardeur qu'il avait apportée jusque-là, à la mise à mort des bêtes sauvages ou à la conquête de quelque prix chèrement disputé dans les luttes diverses par de nombreux « champions du monde ». Il entreprit donc des fouilles sur le vaste territoire arrosé par le Nil.

III

Malgré l'exploitation séculaire des tombeaux, poursuivit lord L..., en humant lentement son cigare, malgré aussi l'affreux état de désordre dans lequel les anciens fouilleurs ont laissé les terrains et les œuvres d'art de la vieille Egypte, malgré les recherches des fellahs qui vécurent longtemps du produit de leurs spoliations, Robert Magrin comprit qu'il restait encore énormément à extraire de ces champs de morts et que la gloire de Mariette n'empêchait point de nouveaux venus de se créer une notoriété de bon aloi, surtout en Angleterre où l'archéologie égyptienne voit grandir chaque jour le nombre de ses adeptes.

La fortune dont il disposait lui permit de s'assurer vivement le concours des spécialistes et d'embaucher le nombre d'ouvriers nécessaire

pour ouvrir un chantier de fouilles du côté de Dahshour, non loin d'un plateau peu élevé, situé à l'ouest du village de Menchiyeh, sur les flancs de la pyramide méridionale, construite en briques.

Les ouvriers se répandirent sur un terrain excavé en tous sens par des tranchées profondes, et, en examinant méthodiquement le sol, ils découvrirent vingt petits puits établis en rangées parallèles, qui, sondés pendant plusieurs mois, n'amenèrent que la découverte de momies sans importance pour la science et l'art.

Car, vous le savez assurément, ce n'était guère qu'en théorie que chaque Égyptien pouvait revendiquer le droit d'une maison éternelle, avec ses chambres diverses, ses décorations et sa table d'offrande; en réalité, les morts de la petite classe étaient, comme aujourd'hui, vivement dépêchés vers des trous d'oubli. On les enfouissait un peu au hasard dans des fissures de montagnes, au fond de puits communs ou dans la profondeur de vieilles-tombes violées et abandonnées. Les gens ds condition seulement avaient les honneurs d'une architecture spéciale, des cercueils à leur taille, des peintures symboliques, des scarabées faits de matières précieuses et des figurines de Phtah, d'Osiris, d'Anubis et d'Hathor. — Or Robert Magrin ne recueillit d'abord que d'infortunés prolétaires qu'on ne songeait même pas à dépouiller de leurs bandelettes.

Il commençait à se désespérer et songeait déjà à abandonner ce sol ingrat, lorsqu'on lui signala la découverte de souterrains construits de larges dalles de calcaire qui semblaient devoir conduire à une tombe importante. Cette nouvelle réveilla son ardeur. Il activa le travail et se mit lui-même à la tête des ouvriers. On découvrit d'abord un portique, puis une sorte d'antichambre carrée avec piliers, puis un nouveau couloir, et enfin une dernière chambre dont les murailles étaient peintes à fresque et remplies d'inscriptions gravées. Robert Magrin y pénétra le premier, la torche à la main, et eut vite découvert le sarcophage de pierre et mis à nu un coffre merveilleusement gravé et peint.

Sous ce premier coffre, un second coffre plus délicatement ouvragé encore, à l'intérieur aussi bien qu'à l'extérieur, et enfin le cercueil définitif couvert de longues bandes d'or chargées d'inscriptions. C'était, à

n'en point douter, la momie d'un roi qu'il s'agissait de transporter, sans tarder, à la direction des musées et des fouilles, ainsi que les canopes, vases sacrés où les viscères du mort avaient été déposés, les stèles d'albâtre, les bijoux et objets de prix qu'on avait réunis.

Ce fut en grande cérémonie et devant une assemblée de savants distingués que l'on procéda à la dépouille de la momie dans une des grandes salles du musée du Caire. Robert Magrin était ému par le mystère de sa trouvaille plus qu'il ne l'avait jamais été au cours de ses expéditions périlleuses. L'examen du premier coffre fit découvrir le cachet d'un roi de la XIIe dynastie, *Na-Lou-Pa...* ou quelque chose d'approchant. La momie, qui bientôt apparut, portait encore le klaft ou coiffure souveraine, et le long de son maigre corps avaient été placés les sceptres et le flabellum, insignes et emblèmes de sa puissance souveraine et de sa domination sur les deux terres, la haute et la basse Égypte.

Revêtu de sa blouse d'anatomiste, armé de son scalpel, le docteur F..., bien connu de tous les archéologues égyptiens, procéda au dépouillement de la momie, qui avait été étendue sur une planche reposant sur deux chevalets. Il trancha les premières bandelettes et déligota lentement la pièce rigide et noirâtre, tandis que le conservateur adjoint du

musée fournissait aux assistants les renseignements précis sur l'examen sommaire des documents écrits, découverts dans le tombeau, et dont l'importance, paraît-il, était exceptionnelle.

Robert Magrin, presque grisé par l'odeur âcre et pénétrante qui se dégageait des bitumes et des aromates depuis si longtemps concentrés sur ce corps et que l'air vivifiait avec une trop soudaine intensité, se sentait mal à l'aise et inquiet. Ce sportsman n'était décidément pas fait

pour ces missions scientifiques ; sa gorge était serrée par ces émanations d'outre-tombe, et toutes ces poussières impalpables, qui prenaient leur essor dans l'atmosphère, pénétraient en lui, l'indisposaient plus qu'il n'aurait su le dire, et, pour la première fois peut-être, pensait-il sérieusement au néant des êtres, à la vanité de toutes choses devant ces résidus fanés qui se brisaient au moindre toucher.

Cependant, tandis que le conservateur recueillait les papyrus qu'il avait charge de restaurer et de reconstituer, le docteur F... continuait placidement son opération minutieuse et peu à peu apparaissait plus fluette, plus osseuse, plus lamentable, la ligne de ce petit corps de roi desséché, dont les dernières bandelettes de lin masquaient maintenant à peine le visage. L'ultime voile qui couvrait la tête fut enfin déroulé et la figure de la momie fut visible ; mais, à la stupeur générale, on s'aperçut qu'elle portait sur le front, contrairement à l'usage, un large bandeau d'or sur lequel était gravée une inscription, qui parut d'abord indéchiffrable et qui nécessita une longue consultation des Egyptologues assemblés.

Ce visage apparaissait terrible, tant la bouche, meublée de toutes ses dents, était proéminente et menaçante; mais, en dépit des *corynètes rufipés,* insectes, eux aussi millénaires, qui avaient rongé la basse partie du masque, les lignes du crâne étaient fort belles, et il se dégageait de ce restant de roi une impression vraiment souveraine, autoritaire et fatidique; aussi les assistants restèrent-ils silencieux et presque consternés lorsque le conser-

vateur du musée donna la traduction du texte inscrit sur le bandeau d'or royal.

« Messieurs, de l'avis unanime de nos collègues ici présents, les caractères gravés sur le métal du frontal contiennent cette prophétie :

« *Celui qui aura été assez audacieux et impie pour violer ma sépulture en sera puni — dans l'année même qui suivra cette spoliation; — son corps sera brisé, meurtri, pulvérisé et nul ne trouvera trace de ses ossements.*

Chacun se retourna du côté de Robert Magrin; il était pâle, mais souriant, sceptique; il demanda à emporter le bandeau d'or et la tête momifiée du roi Na-Lou-Pa, puis il partit d'une allure assurée et la mine insoucieuse.

IV

— Mon cher lord, dis-je à mon complaisant narrateur, qui semblait un peu fatigué et ému, votre histoire dans sa concise exposition est aussi fantastique et aussi étonnante que tous les romans de Gautier, de Poë et de Hawthorne, et je m'étonne que vous, qui savez si bien donner un charme mystérieux à cet inquiétant problème de la vie et de la mort, ne l'ayez point écrite... — Quel joli titre : *le Bandeau de la Momie*, « The Mummy's headband », ou mieux encore : *le Bandeau du Roi.*

— Vous oubliez le loisir pour faire un tel conte, reprit mon interlocuteur, dans un milieu où la politique est comme le simoun desséchant la pensée créatrice... et puis, voyez-vous, les récits vrais sont plus difficiles à enchâsser dans la griffe d'un style personnel que les fictions que notre imagination nous suggère. C'est *trop écrit*, comme disent les artistes vis-à-vis d'une chose trop précise à rendre; il n'y a de beau et de vrai pour le romancier amoureux de sa profession que ce qui n'existe pas.

— Cependant, mon ami, les broderies ne manqueraient pas autour de ces faits positifs. Vous avez le motif principal, mais tout le reste est à créer : le début, la psychologie de votre sportsman, ses états d'âme, ces fameux états d'âme des *bourgetisants*, puis enfin la conclusion, la réalisation de la prophétie d'outre-tombe...

— Mais elle existe, *Dear fellow*, cette conclusion, et elle est aussi « coup de théâtre » que tout ce que je pourrais combiner. Elle mérite de votre part quelques minutes d'attention, incurieux que vous êtes; j'en tiens le récit de William Magrin en personne; il est simple, terrible, concis; écoutez-le :

Après la découverte du tombeau du roi Na-Lou-Pa, Robert Magrin abandonna la conquête des hypogées; il licencia ses ouvriers et reprit la vie errante. L'Égypte, qui déjà l'avait ensorcelé, en le lançant dans des aventures archéologiques contraires à son tempérament de *bas de cuir*, de vrai trappeur indomptable, cette vieille Égypte devait de nouveau le métamorphoser en amoureux, lui pour qui la femme n'avait jamais été jusque-là qu'un simple passe-temps hygiénique.

En remontant le Nil aux environs de Louqsor, il rencontra sur le bateau la Circé qui devait faire capituler son cœur; c'était une jeune Américaine, fille d'un sénateur du Colorado, une de ces créatures exquises et volontaires qui jettent le lazzo de leur dévolu autour du cou d'un homme et qui ne le lâchent plus qu'il ne les ait conduites au pied des autels. La petite Yankee trouva dans Robert Magrin l'homme qui réalisait son idéal de romanesque confortable; il était jeune, solide, téméraire, supérieur dans tous les exercices du corps et, de plus il possédait assez de dollars pour défrayer toutes les fantaisies. C'était donc le héros rêvé. Robert, de son côté, ne résista point, et deux mois après la première entrevue, les noces furent célébrées à Londres. Le journal *England illustrated News* publia un dessin gravé en commémoration de cette cérémonie, qui préoccupa, quelques jours durant, tous les *printing offices* de la Cité.

Le nouveau marié, à peine installé en une princière demeure, au

milieu de laquelle il avait conservé, dans sa library, la tête desséchée du roi d'Egypte munie de son bandeau d'or fatal, repartit bientôt pour l'Afrique. C'était son voyage de lune de miel, combiné avec un but déterminé de consacrer quelques mois à la chasse de l'éléphant, car vous savez que la poursuite de ce lourd mammifère est devenue un art qui a ses règles et sa stratégie, et Robert Magrin ne pouvait certes pas vieillir sans y être passé maître.

Les meilleurs, les seuls chasseurs d'éléphants dignes de ce nom, sont les Arabes Bagaras, qui opèrent du côté du Nil Blanc, vers le 13º degré de latitude nord. Ce fut vers cette direction que notre hardi coureur de plaines se rendit, accompagné de sa jeune épouse, non moins aventureuse que lui et décidée à le suivre à travers tous les périls.

Robert n'avait du reste attaché aucune importance à la prophétie du bandeau royal, et s'il racontait souvent cette étrange découverte, c'était pour en sourire et sans qu'il en fût réellement impressionné.

Parvenu avec une nombreuse escorte au centre même des chasseurs d'ivoire, en une tribu favorable, il organisa sa première expédition pour le lendemain matin même de son arrivée.

La chasse qu'il se proposait de faire consistait en une sorte de combat loyal à la lance; l'homme à cheval, muni d'un bambou ferré, part à la découverte, accompagné d'un ou de deux autres cavaliers tout au plus.

Lorsqu'une troupe d'éléphants se présente, le cavalier le plus habile choisit celui dont les défenses sont le plus formidables et engage le combat à l'avant, tandis que le second cavalier poursuit le pachyderme par derrière. La lourde bête s'élance sur le cheval, et le chasseur doit être assez adroit, assez fort, assez souple et rusé pour mettre pied à terre en plein galop avant que son coursier ne soit atteint et pour plonger d'un coup sûr et violent le fer de la lance dans l'abdomen de l'éléphant, puis

il lui faut rattraper son cheval et remonter en selle avec une désinvolture que n'auraient pas beaucoup d'écuyers de cirque. Pour que l'éléphant soit hors de combat, il est nécessaire que sa blessure ait été faite assez large pour que ses entrailles s'échappent aussitôt et paralysent sa marche. Vous jugez de la difficulté d'un tel tournoi.

Le premier coup d'essai fut pour Robert un coup de maître : il mit cruellement à mort deux de ces innocents colosses si doux et si intelligents. Il se jugeait donc invincible.

Quelques jours après, il repartait en guerre, laissant sa jeune femme à l'arrière, sous bonne escorte. Accompagné d'un seul Arabe, il rencontra une bande de pachydermes, parmi lesquels il distingua un énorme mammouth qu'il attaqua aussitôt. L'animal s'échappa, il le poursuivit. Abandonné par son compagnon et sautant sur le sol, il s'apprêtait à larder sa victime d'un coup frappé dans les règles prescrites, quand il eut le col saisi par la trompe vigoureuse du géant, qui, avec des mugissements stridents de vainqueur, l'éleva en l'air, le frappa à terre à dix ou douze reprises, puis le piétina sans merci, se roulant sur le cadavre de son assaillant comme un chat gigantesque qui joue sur un tapis, l'aplatissant, le laminant, le pulvérisant de tout son poids de lourde machine, avant de reprendre, d'un trot léger et comme caoutchouté, le chemin des grandes lianes.

Lorsque les Arabes de l'escorte arrivèrent sur le lieu du combat, ils ne trouvèrent trace de cadavre et ne virent plus qu'une flaque de sang, ou plutôt une boue sanglante, parmi les herbes écrasées. — Du corps de l'infortuné Robert Magrin, il ne restait rien, rien, moins que rien. C'est à peine si creusant le sol du bout de sa lance, un Arabe Bagaras parvint à retrouver une toute petite clavicule du cou, fragment bien léger d'un mari si brave, le seul témoignage que sa veuve inconsolable put rapporter en Angleterre au retour de ce néfaste voyage de noces.

Ainsi se trouva réalisée la prédiction fatale inscrite sur le bandeau d'or du roi d'Égypte *Na-Lou-Pa* de la XIIe dynastie.

Pulvis et umbra manent! dit en manière d'exode lord L***, que ce récit semblait avoir assombri. — Ne violons pas les sépultures, mon ami, et conservez les croyances que vous a inspirées l'article de l'écrivain allemand que vous me signaliez tout à l'heure. Recueillir des cendres humaines est chose néfaste; les morts attirent la mort, cela est indiscutable et, sans aller plus loin, remarquez, je vous prie, qu'il est peu d'enterrements qui ne soient homicides pour quelqu'un de ceux qui les suivent.

TABLE DES CONTES

	Pages.
A Albert Robida, imaigier, Épistre dédicatoire.	1
Un Almanach des Muses de 1789.	1
L'Héritage Sigismond.	19
Le Bibliothécaire van der Boecken, de Rotterdam	37
Un Roman de chevalerie franco-japonais	55
Les Romantiques inconnus.	75

230 TABLE DES CONTES.

	Pages.
Le Carnet de Notes de Napoléon Ier.	97
La Fin des Livres.	123
Poudrière et bibliothèque.	147
L'Enfer du chevalier de Kérhany.	169
Les Estrennes du poète Scarron.	189
Histoires de Momies (récits authentiques)	199

Ces honnestes *Contes pour les Bibliophiles*
Élaborés en amical tournoi
par deux fantaisistes chevaliers de la plume et du crayon
ONT ÉTÉ
ACHEVÉS D'IMPRIMER
Sur les Presses de l'Ancienne Maison Quantin
A PARIS
Ce vingt-sept novembre 1894

www.ingramcontent.com/pod-product-compliance
Lightning Source LLC
Chambersburg PA
CBHW070639170426
43200CB00010B/2070